写给中国儿童的名人

发明大王
爱迪生

张芳 ◎ 主编

东北师范大学出版社

写给中国儿童的名人传记故事

前 言

名人故事是名人一生经历的总结,可以点燃孩子心中的激情与梦想。许多伟大的历史人物,在青少年时期,确定自己的人生目标的时候,都曾经从名人身上寻找榜样,汲取动力。孩子在阅读名人故事的过程中,可以从名人身上吸取成功的经验,学习他们为获得成功养成的良好品质,以及面对困难时的积极、乐观的态度,以及刻苦努力、坚持不懈的精神,从而少走弯路,不断走向成功。

为此,我们特邀众多国内权威教育专家与一线教育工作者一起编写了这套《写给中国儿童的名人励志故事》。这套书精选了爱因斯坦、牛顿、贝多芬、居里夫人、富兰克林、爱迪生、霍金、诺贝尔、乔布斯和比尔·盖茨共十位极具代表性的国外名人,用生动、优美的语言详略得当地讲述了他们奋斗的一生。霍金虽身患重病但依然坚持科学研究、贝多芬不向命运低头、比

尔·盖茨用软件改变世界……孩子在这些名人故事中可以领略到不同行业的风景,获得人生智慧,感受名人魅力。

　　这套书不是简单地堆砌名人材料,而是选取他们富有代表性或趣味性的故事,以点带面,从而折射出他们波澜壮阔、充满传奇的人生和多姿多彩、各具特点的个性。另外,我们在每个章节后面,都设置了一个"成长加油站",将名人故事与孩子成长过程结合起来,从而使孩子收获成长的养分;而"延伸思考"版块则根据章节内容,向读者提问一到两个问题,引导孩子深入思考,获得启发。

　　希望在这些名人的陪伴下,我们的小读者能够不断茁壮、健康地成长,成为一个对国家和社会有益的人!

目 录

第一章　充满好奇的孩子……………………………… 1

第二章　热爱实验的"笨蛋"…………………………… 6

第三章　小报童………………………………………… 11

第四章　爱琢磨的报务员……………………………… 19

第五章　职业发明家…………………………………… 25

第六章　走向辉煌……………………………………… 32

第七章　经历大悲大喜………………………………… 38

第八章　建立门罗公园实验室………………………… 43

第九章　改进贝尔电话………………………………… 48

第十章　神奇的留声机………………………………… 55

第十一章　光明的使者………………………………… 63

第十二章　潜心改造发电系统………………………… 70

第十三章　用电的火车………………………………… 75

第十四章　西奥兰治新生活……………………………80

第十五章　捍卫自己的专利………………………………85

第十六章　直流电与交流电的争锋………………………89

第十七章　发明有声电影…………………………………94

第十八章　进军工业………………………………………100

第十九章　发明新型蓄电池………………………………105

第二十章　自制苯酚………………………………………110

第二十一章　担任海军技术顾问…………………………113

第二十二章　辉煌永存……………………………………117

第一章　充满好奇的孩子

1847年2月11日，在美国中西部俄亥俄州的米兰小镇上，木材商塞缪尔·爱迪生和南希·埃利奥特迎来了他们的第七个孩子。他们给这个孩子取名为托马斯·阿尔瓦·爱迪生。人们都叫他阿尔瓦，他的母亲昵称他为阿尔。

爱迪生的祖先是荷兰人，一开始并不在米兰镇生活。在1729年，爱迪生的祖先才从荷兰的阿姆斯特丹移居到美洲。后来，由于爱迪生的爷爷约翰·爱迪生在独立战争中支持的英国军队战败，所以他被迫带着家人躲到了加拿大。1837年，加拿大发生了叛乱，塞缪尔·爱迪生吸取了父亲的教训，选择支持反叛的一方。但是，反叛者最后失败了。于是，爱迪生一家又从加拿大回到美国，在俄亥俄州的米兰镇定居下来。

爱迪生的出生地

米兰镇是有名的小麦集散地，每年，这里都会有数不清的船只将俄亥俄州的小麦一船一船地运送到全国各地。因此，米兰镇的造船业也非常发达。塞缪尔带着家人在米兰镇定居下来后，建了一个木材厂，同时还制造并贩卖屋瓦。由于生意兴隆，所以塞缪尔家里的生活还算富裕。爱迪生7岁以前都是在这里度过的。

作为最小的孩子，爱迪生在家里非常受宠，尤其是他的妈妈，对他喜欢得不得了。爱迪生从小就非常聪明，对周围的事物充满了好奇。他不管看到什么，都会产生各种不同的问题，向大人提问。在大人看来，这些问题都非常奇怪。

一次，突然刮起了大风。小爱迪生歪着小脑袋问他的父亲："为什么会刮风啊？"父亲回答不上来。他看着一脸疑问的爱迪生，无奈地说："我也不知道。"可爱迪生似乎不打算放过他的父亲，仍然不停地问："你为什么会不知道呢？""爸爸不知道是因为……爸爸不知道。""我知道你不知道啊，可是你为什么不知道呢？"父亲终于被爱迪生问烦了，转身走开了。

爱迪生总是会提一些莫名其妙的问题，让人回答不上来，所以全家人都害怕爱迪生向自己提问。每当爱迪生发问的时候，家人都会粗鲁地打发他。只有他的母亲理解他，总是不厌其烦地回答他的各种问题。

爱迪生不仅喜欢发问，还喜欢亲自去实践。

一天，他看到一只母鸡卧在一个草堆上一动不动，就问母亲："妈妈，那只母鸡为什么卧在草堆上一动不动啊？"妈妈微笑着对他说："它在孵小鸡呢。"爱迪生听了妈妈的话，对母鸡孵蛋产生了更大的兴趣。他在那只母鸡周围转来转去，久久不愿离去。

第二天，全家人都围坐在桌子前准备吃晚饭，可却找不到小爱迪生。这可把他的父母急坏了。于是，全家人都出来寻找爱迪生。最后，父亲在院子的草棚里发现了爱迪生。他正一动不动地趴在一个草堆上，身上和头发上沾满了草屑。父亲觉得很奇怪，走过去问他："你在这里做什么？"小爱迪生把身子稍微挪开一点儿，指着身下的鸡蛋对父亲说："我在孵小鸡啊！"原来，他听了妈妈的话后，就好奇母鸡怎样从鸡蛋中孵出小鸡，于是就想亲自试一试。

童年时期的爱迪生

父亲看到一脸天真的爱迪生，忍不住哈哈大笑起来。他指着爱迪生，笑着说："傻孩子，人是孵不出小鸡的，快起来，回去吃饭吧。"说着，就想将小爱迪生拉起来。爱迪生不愿意起来，一直不停地问："为什么母鸡可以孵出小鸡，我就不可以？"

这时，他的母亲来了。母亲看到爱迪生固执地不肯起来，不愿伤害他的好奇心，就耐心地向他讲解了人孵不出小鸡的道理。爱迪生认真听完母亲的讲解后，才不舍地从草堆上爬起来，跟着父母回家。

爱迪生旺盛的好奇心引领着他不断探索着这个世界，让他做出很多在外人看来很傻的事情，甚至有时候会给他带来危险。

一天，他来到邻居的碾坊里玩耍。当时，邻居正在尝试

着用气球做一个飞行装置。爱迪生看到后，心想，如果往人的肚子里吹满空气，那人也可以飞上天空吧？这样想着，他就开始行动了。他把几种化学药品搭配在一起，摇晃均匀，制成了一种被他称为"飞行剂"的东西，然后让父亲的一个工人吃了下去。

爱迪生兴奋地等待着看那个工人飞起来，可是左等右等，都不见他有飞的迹象。过了一会儿，那个工人突然感到肚子疼痛难忍，最后竟然晕了过去。大家吓得立刻请来医生。医生经过一番抢救，才保住了那个工人的性命。

父亲知道后，将爱迪生严厉地教训了一顿。但是这并没有让爱迪生就此放弃"探索"。他看到感兴趣的事情，依然会去尝试。

爱迪生在河边玩耍的时候，看到鱼在水里自由自在地游动，就跳进河里，想亲自体验一下鱼是怎样生活的，结果差点把自己淹死。

他想要弄明白马蜂为什么爱蜇人，于是就来到野外，用一根竹竿将树枝上的马蜂窝给捅了下来。结果，他被一群马蜂围攻，脸都被蜇肿了。

还有一次，他竟然用火柴点燃了父亲的仓库，只是因为他想看看父亲的仓库起火的话，是不是比火炉的火要大、要亮。

……

爱迪生对世上的一切事物都充满好奇，并且什么事情都想尝试一下。这让他的父母对他充满了担忧，而且周围的人也因此认为他是一个不正常的孩子，不允许自己的孩子再与

第一章　充满好奇的孩子

他玩耍。于是，小伙伴们都渐渐疏远了爱迪生，还骂他是傻子、呆子。孤独的小爱迪生感到非常委屈，但是很快他就把这些不愉快都忘记了，因为他又忙着"探索"这个世界了。

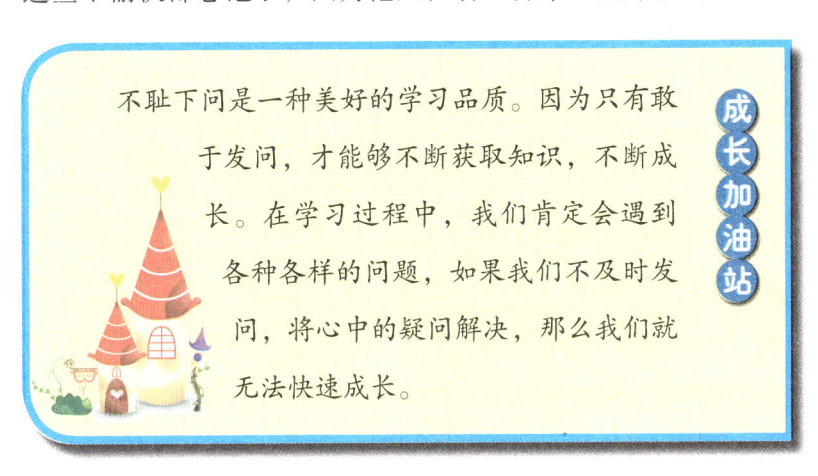

> **成长加油站**
>
> 不耻下问是一种美好的学习品质。因为只有敢于发问，才能够不断获取知识，不断成长。在学习过程中，我们肯定会遇到各种各样的问题，如果我们不及时发问，将心中的疑问解决，那么我们就无法快速成长。

延伸思考

1. 为什么说爱迪生是一个好奇心很重的孩子？你能从文中找出他具体的表现吗？

2. 你认为爱迪生的什么品质有助于他成为发明家？为什么？

第二章 热爱实验的"笨蛋"

1854年,爱迪生7岁。这一年,伊利湖南岸的铁路通车了。这件事对爱迪生的人生产生了非常大的影响。

由于铁路运输的发达,水上运输生意逐渐冷淡下来。爱迪生家的生意也越来越不好做。于是,爱迪生的父亲塞缪尔把家迁居到密歇根州休伦北郊的格拉蒂奥特堡。在这里,塞缪尔继续做木材和粮食生意,收入还能保证全家过上丰衣足食的生活。

塞缪尔还在一块高地上修建了一座30米高的高塔,供游人欣赏这里的优美风光,从而为家里增加经济收入。管理这座观光塔的就是爱迪生。开始的时候,来这里观光的游客非常多,每天可达到五六百人。按照每人收费25美分的标准,这个收入还是很可观的。但是,过了一段时间后,游人越来越少了,于是,爱迪生就建议父亲每人收取10美分。父亲同意了,可是游人仍然没有增加。他又建议父亲在塔上安装望远镜,但这也没能吸引更多的游客。最后,这座塔的观光生意只好结束了。

这算是爱迪生第一次参与工作。在这次工作经历中,爱

迪生已经表现出了非常出色的生意头脑。

爱迪生已经到了该上学的年龄了。可是，就在学校招生的时候，爱迪生得了猩红热病，过了很长时间后，他才完全康复，所以就错过了学校的招生时间。到了1855年，爱迪生已经8岁了，才开始去学校读书。爱迪生就读的学校真的是一所"小"学，这里只有一个班级，一个老师，一个校长，而且老师和校长是同一个人——恩格尔。

恩格尔是一个非常呆板守旧的人，他讲的课枯燥无味。爱迪生不喜欢上课。在老师讲课的时候，他就悄悄地摆弄其他东西。老师注意到了爱迪生在课堂上的小动作，但他没有生气，因为他认为这个阶段的孩子都比较爱玩，只要慢慢引导，他们会改变的。但是，爱迪生的一个习惯让老师实在忍受不了。老师在上课的时候，正在下面玩着其他东西的爱迪生会突然抬起头，一本正经地向老师提问，老师如果回答不上来，他就会一直不停地追着老师问"为什么"。学生们常常被爱迪生的这种行为逗得哈哈大笑。老师也因此认为爱迪生是一个智力低下的孩子，甚至还当着其他学生的面叫他"低能儿"。学生们受到老师的引导，对爱迪生更加嘲笑和辱骂了。爱迪生感到很委屈，但是，他仍然会向老师提问。

一天，恩格尔老师正在教学生算术。老师指着黑板对下面的学生说："来，跟着我读。一加一等于二。"

学生跟着大声读道："一加一等于二。"

"二加二等于四。"

"二加二等于四。"

就在这时，正在摆弄其他东西的爱迪生突然站起来，盯着老师大声问道："老师，二加二为什么等于四啊？"

老师看到突然站起来的爱迪生，先是一愣，等反应过来，心头顿时升起了一股怒火。他生气地说道："二加二就是等于四，没有什么为什么。你这个低能儿，还不如回家去呢！"老师不停地骂着爱迪生，似乎想要把内心积压的对爱迪生的不满全部释放出来。

爱迪生被赶出了学校。他感到非常委屈，伤心地哭着回家了。母亲看到本应在学校上课的儿子满脸泪痕地回来了，就问爱迪生原因。爱迪生把他在学校的遭遇告诉了母亲。母亲一听，非常生气，拉着爱迪生来到学校，向恩格尔了解情况。

恩格尔对爱迪生的母亲说："您的孩子经常在课堂上问一些非常低级、奇怪的问题，已经影响了其他学生上课。他竟然连二加二等于四都不知道，真是太笨了，这样的孩子我教不了，您还是把他领回去吧。"

母亲听了恩格尔的话，气得浑身发抖。她大声地反驳道："我儿子才不笨呢，他比其他孩子还要聪明，将来他肯定会出人头地的。"说完，她就带着爱迪生回家了。

爱迪生的母亲决定亲自教育孩子，把爱迪生培养成一个伟大的人才。当她把自己的决定告诉爱迪生的时候，爱迪生

被母亲的信任和爱护感动得哭了起来。

从此以后，爱迪生下定决心努力学习，听从妈妈的教导，将来一定要做出一番伟大的事业，不辜负母亲对自己的期望。而后来的事实证明，爱迪生的确不是"低能儿"，他没有让母亲失望，成了举世闻名的大发明家。

在母亲的教导下，爱迪生掌握了各种基础知识，而且养成了热爱读书的好习惯。在9岁的时候，他就已经开始阅读比较难懂的书了，比如理查德·格林帕克的《自然与实验哲学》、吉本的《罗马帝国衰亡史》、休谟的《英国史》、席尔的《世界史》等。其中，《自然与实验哲学》一书对爱迪生产生了非常大的影响，他曾说："《自然与实验哲学》是我读到的第一本科学书籍。"读完这本书后，爱迪生迷上了各种实验，他把家里的地下室当作实验室，在里面逐项验证着帕克的各种实验结果。

为了做实验，他把父母给他的零花钱全部用来购买化学药品和实验仪器。另外，他还从周围的商店那里收集来200多个瓶子，然后在瓶子里装上各种化学药品，并在瓶子上贴上写有药品名称的标签。

爱迪生一有空就会钻到地下室，做各种各样的实验。在实验过程中，他学习到了很多知识，也获得了很大的快乐。但是，做化学实验是很危险的，一不小心就会引发事故，甚至会造成爆炸。父母看到自己的孩子这样聪明好学，自然感

发明大王爱迪生

到开心,但是也很担心爱迪生会有危险。每当爱迪生要到地下室做实验的时候,他们都会提醒他小心,但并不阻止他。

爱迪生在小时候就已经对实验产生了浓厚的兴趣,并开始进行实验,这为他后来成为伟大的发明家奠定了坚实的基础。

成长加油站

只有将从课本上学习到的"死"知识应用到实践当中,我们才能够真正获得成长的养分,使能力得到不断提升。所以,我们在学习的过程中,千万不能"眼高手低",只有坚持锻炼动手能力,我们才能够在实践当中发现问题,并找到解决问题的办法。而在解决一个又一个问题的过程中,我们的能力也在不知不觉提升。

延伸思考

1. 老师为什么把爱迪生叫作"低能儿"?

2. 爱迪生真的是"低能儿"吗?为什么?

第三章　小报童

爱迪生为了做更多的实验，就需要买更多的化学药品和仪器。当时，爱迪生对电报这种新兴的事物产生了浓厚的兴趣。他想要对电报作进一步研究，为此，他首先要买一台电报装置。然而，他没有那么多钱。怎么办呢？就在爱迪生为无法进行电报研究而感到苦恼的时候，一个机会来了。

1859年，格兰德特伦克铁路大干线部分通车，其中就包含从休伦港到底特律的一段。于是，爱迪生就对父母说："爸爸妈妈，我想到从休伦港开往底特律的早班火车上去当报童。"当时，爱迪生还只是一个12岁的孩子。爱迪生的父亲听了他的想法后，并没有立即答应，而他的母亲则坚决反对。

母亲抚摸着爱迪生的头说："你才12岁，还是一个小孩子，我怎么能放心让你独自出去谋生呢？"

爱迪生为了让母亲放心，攥紧拳头，屈起胳膊，将胳膊上凸起的那一点肌肉伸到母亲跟前说："妈妈，我有80磅重，已经是一个大人了。你放心，我一定会保护好我自己的。"

母亲还是不放心。这时，父亲说："孩子，我赞成你的这

正在做实验的爱迪生

个决定。我没有太多的钱来供你上学读书,如果你想学更多的知识,那就只能靠你自己了。但是火车上什么人都有,你一定要保护好你自己。"

于是,爱迪生在12岁那年就开始走上了独立谋生的道路。他每天在火车上贩卖报纸,还销售糖果等零食。

每天火车抵达底特律后,爱迪生就去报馆批发报纸,然后在返回休伦港的火车上销售。爱迪生发现时间还很充裕,应该可以做更多的事情,就又批发水果在火车上卖。于是,他每天在到底特律的早班车上卖各种水果和食物,到了下午,在返回休伦港的火车上,他就卖报纸。过了一段时间后,他又开始在火车上卖起了蔬菜以及土特产品,还把休伦湖生产的浆果带到底特律,批发给当地的水果商贩。他的生意越做越大,以至于他快忙不过来了。于是,他又雇了一个男孩子来帮忙。几个月后,他在休伦湖开了两家店铺,一家专门卖报纸,一家专门贩卖时令水果和蔬菜。爱迪生的收入也增多了,他每天都可以赚得几块钱。在当时,这已经相当于一个成年人的收入了。他每天会给母亲1元钱以补贴家用,除去吃饭的钱,他把剩下的钱全部用来买书和实验用品了。

爱迪生白天在火车上工作了一天，已经很疲惫了，晚上回到家仍不休息，又到地下室里去做实验了。他做实验的时候非常投入，经常会到深夜才去休息，第二天早上又要早起去赶火车，所以他每天只睡三四个小时。父母担心长期这样下去，他的身体会吃不消，就强迫他早点休息。可是，第二天他又把父母的话忘得一干二净，继续做实验直到深夜。

火车到达底特律后，会停留6个小时。在这段时间内，爱迪生快速地处理完工作上的事情后，就立即到阅览室去读书，直到火车发车前才赶回去。他每天如此，不管风吹雨打，从不间断。他阅读了大量的书籍，吸收到了各种各样的知识。

由于他去的次数多了，所以阅览室的人都认识他。只要他来阅览室，他们都会愉快地和他打招呼，并尽量给他提供最好的服务。

一天，爱迪生急匆匆地来到阅览室，直接走到第一个书架，从上边拿出一本书，在旁边的座位上坐下，认真阅读起来。这时，一个管理员看到他后，走过来和他聊天。

"你每天都来，你读了多少书了？"管理员好奇地问。

爱迪生指了指第一个书架，对他说："我现在已经读完第一个书架上的书了。"

"你都读了哪些书？"

"我什么书都读。"

"你读书的目的是什么呢？"

"我的目的很简单，就是要把这里的书全部读完。"

发明大王爱迪生

管理员被爱迪生的单纯逗笑了,说:"我的意思是说,你读书之前一定要定一个目标,然后围绕这个目标去有选择性地读书,这样你会获得更大的成长。如果你漫无目的地阅读,虽然读了很多书,但是最后得到的收益可能并不多。"

管理员的这番话使爱迪生深受启发。他突然明白了,读书是有方法的,而且读书要有目标。于是,从此开始,他便把读书和实验结合了起来。每天晚上,他在做实验的时候遇到不懂的问题,就记在一个小本子上,第二天到阅览室后,再查找资料,将问题弄明白。按照这种方法,爱迪生进步得很快,他已经掌握了大量的化学、物理、生物以及历史等方面的知识。

爱迪生每天很晚才回家,所以用来做实验的时间是很少的。他一直想找到一个平衡工作和做实验的时间的方法,但始终没有结果。后来,他发现火车上的休息室一直空着,根本没有人去里面休息。于是他又动了心思:"如果把这里改造成实验室,那我白天也可以做实验了。"有了这个想法后,爱迪生就立即行动起来。他找到列车长,说明了自己的想法。列车长很喜欢这个聪明的少年,当他听到爱迪生想要在那间空着的休息室里做实验的时候,笑着说:"当然可以。但是你一定要小心,不能损坏房间里的东西,更不能引发事故。"爱迪生没想到列车长这么快就答应了,高兴地向列车长做出了保证,然后很快把那间休息室收拾了出来。

第二天,他就把他的实验器材和药品都搬到了火车上。为了能够专心做实验,他就在星期六和星期天雇一些小学生

来替自己卖东西。小学生听说不买票就可以坐火车，而且还能够挣钱，都很乐意做。于是，在这两天里，爱迪生就可以完全投入到实验当中去了。

1860年的一天下午，爱迪生发现刊登战争的报纸的销量非常好。他看到了新的"商机"。他找到《底特律自由新闻》的一名排字工人，让排字工每天在新闻稿印刷出版之前先给他看看，这样，他就可以根据报纸的内容来预估报纸的预购量。

1862年，爱迪生看到新闻稿上有一则关于战争的新闻：夏洛伊战争伤亡惨重，目前已经25000多人或死或伤，而战争仍在继续。爱迪生立刻意识到这是一个大新闻，如果能够在铁路沿线宣传一下，肯定会有很多人来买报纸的。于是，他找到底特律火车站的电报员，请求电报员向火车线路沿线的各主要站点发报，让他们在火车站的广告木板上向人们发布夏洛伊战争的消息。作为报答，爱迪生在以后6个月里每天都会给电报员送一份报纸。电报员答应了。

接着，爱迪生就立刻跑到报社，赊购了1500份报纸。然后，他又雇佣3个小孩帮他把报纸都折好并搬到火车上。火车到达第一站后，爱迪生发现月台上已经挤满了人。他们都是得到夏洛伊战争的消息后，等在这里买报纸的。在这一站，爱迪生卖出去了150份报纸，而平时他只能卖出6份。到下一站，来买报纸的人更多。爱迪生将报纸价格从每份5美分提高到了每份10美分，仍卖出去了300份。到休伦港后，爱迪生又将报纸价格提高到了每份25美分甚至1美元，但仍然有很多人

前来购买。很快,1500份报纸都卖出去了。爱迪生赚了一大笔钱。回到家后,爱迪生拿出100美元交给了妈妈。

这次生意的成功,让爱迪生认识到了电报的重要性,并且也决定了他今后的人生道路。

爱迪生在火车上卖报的经验让他明白了报纸对旅客的重要性,于是他产生了一个大胆的想法:自己办报纸。爱迪生在底特律的一家商店里买了一架小型印刷机,然后又从一位在报社工作的朋友那里得到了足够多的铅字。而他自己则亲自撰写新闻稿。就这样,他的第一份报纸就在他的"列车实验室"里诞生了。爱迪生给这份报纸命名为《先驱报》。

《先驱报》终于发行了。爱迪生以每份8美分的价格出售,仍然很快就销售一空。报纸之所以大受欢迎,是因为爱迪生选择刊登的内容都是人们非常关心的,比如南北战争的消息、市场发展动态、物价行情以及铁路沿线发生的一些趣事等。

后来,一位英国工程师乔治在火车上看了《先驱报》,感觉很不错,就找到爱迪生,一下预定了1000份。这是爱迪生接到的最大订单,他立刻暂停其他事情,赶印出了1000份报纸。乔治把《先驱报》带回了英国,还在伦敦的《泰晤士报》上极力夸赞爱迪生及他创办的报纸,称《先驱报》是"第一份在火车上发行的报纸"。

后来,爱迪生又在《先驱报》上增设了一个秘闻栏,内容主要是关于铁路沿线发生的一些趣闻逸事。这使得《先驱报》更受欢迎,销量又增加了。如果照这样发展下去,爱迪

生肯定会在报纸行业做出一番伟大成就。但是，一个偶然事故的发生改变了他的人生轨迹。

一天，爱迪生将卖报的任务交给雇佣来的几个小孩后，就钻到他的"列车实验室"里做起了实验。火车在行驶到一段曲折的路线的时候，突然不停地振动、摇晃起来，"列车实验室"里的各种仪器和瓶瓶罐罐也随着不停地摇晃。可是，爱迪生已经完全沉浸到实验当中去了，完全没有注意到火车在摇晃。突然，"砰"的一声，一个瓶子从架子上掉下来，里面的化学药品洒落到地上，与地面摩擦燃烧了起来。等爱迪生发觉起火的时候，火势已经很大了。爱迪生赶紧脱下衣服去扑火，但是一点儿作用都没有。很快，浓烟冲出房间，弥漫了整个车厢。列车长发现后，赶紧过来，和爱迪生一起扑火。经过一番紧张的奋战后，大火终于被扑灭了。幸好，大火只毁坏了房间内的地板和爱迪生的一些药品，并没有损坏其他的东西。列车长扑灭火后，才感觉到后怕，他转过身，狠狠地扇了爱迪生一个耳光，并把他的所有物品都从车厢里扔了出去。

列车长的这一记耳光给爱迪生的听力造成了严重损害。一开始，他只是感觉到耳部疼痛，后来听力就有点儿减退了。等他慢慢长大，听力越来越不好。但是对于耳聋的原因，爱迪生的解释是："有一次我在一个站点下车去卖报，结果等我再回火车的时候，火车已经启动了。我拼命地追上火车，抓住车后的扶梯，想要借助扶梯爬到火车上。但是扶梯太高了，我吊在扶梯上，上不去下不来，非常危险。这时，一个列车员发现了我，飞快地跑过来，抓着我的两只耳朵将我拉上了火车。由于列车员太过用力，以至于我感觉我的耳朵里出现了碎裂的声音。从那以后，我就聋了。"爱迪生在说这件事情的时候非常坦然，丝毫听不出他对那个列车员的怨恨。他反而在最后说："如果说那位列车员损害了我的听力，那也是因为要救我。"

不管是什么原因造成了爱迪生耳聋，但耳聋成为爱迪生一生的困扰是无法争辩的事实。当然，这也让他因祸得福。由于听不清，爱迪生后来改进了电话，发明了留声机。

成长加油站

在成长过程中，我们每个人都可能会遇到各种各样的困境，但是只要我们能够坚持我们的信念，坚定地为我们的兴趣付出努力，那么，这些困难不仅不会阻碍我们前进的道路，反而会成为我们的垫脚石，让我们在成长的道路上走得更加稳当，使我们获得更大的收获。

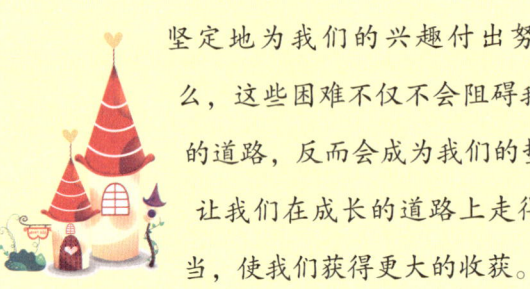

延伸思考

1. 爱迪生成为火车上的一名小报童后，是如何坚持进行实验的？

2. 爱迪生的耳朵为什么会聋？

第四章　爱琢磨的报务员

爱迪生被列车长赶出车厢后，带着自己的物品回到了家。他向母亲讲述了在火车上发生的事情，并已经准备好接受母亲的打骂了。但是，母亲并没有责怪他，还鼓励他不要灰心，并在家里的顶楼上给他重新布置了一间实验室。在妈妈的鼓励下，爱迪生又重新树立起信心，在他的新实验室里开始了实验工作。

在这段时间里，爱迪生对电报产生了浓厚的兴趣，他按照《自然与实验哲学》一书中介绍的电报技术，架设了电线和仪器，并与邻居家和他差不多大的男孩詹姆斯一起搜集材料做成了电池板和电键等零部件。所有的设备都准备好了，可是从哪里得到电呢？

有人告诉他们，摩擦能够产生电，而且用猫摩擦的效果最好。于是，爱迪生和詹姆斯就抓了很多猫，用电线在猫的身上不断摩擦。可是，他们摩擦了很长时间，也没有得到一点儿电。

"看来我们得另想办法了。"爱迪生挠着头说。

他们又翻阅大量书籍，发现了一个新的产生电的方法——用电池生电。这一次，他们终于得到了电。到了晚上，他们就在实验室里开始了电报实验。他们一个在电报机的这头，一个在电报

发明大王爱迪生

机的那头,一个发送信息,一个接收信息。在安静的夜晚,爱迪生突然听到电报机那头传来的詹姆斯发送的信息:"亲爱的爱迪生,你好吗?"他们的电报实验成功了!从此以后,他们每天都在阁楼的实验室里进行着电报实验,经常做到深夜才结束。

后来,因为一件偶然事件,爱迪生真的进入电报业,成了一个真正的报务员。

1862年的一天,开往底特律的火车在到达圣克莱门斯的时候要停车调轨,爱迪生就从火车上下来,想到铁路边休息一下。这时,他看到一个小男孩蹲在铁道中间玩耍,而不远处一辆火车正向这边疾驶过来。爱迪生来不及多想,立刻飞奔到铁轨中间,抓起孩子跃出铁轨。就在这时,火车呼啸着从他们身边飞驰而过。爱迪生救的这个孩子名叫吉米,他的父亲麦肯齐是这个车站的站长。为了表达对爱迪生的感激之情,麦肯齐主动提出要教爱迪生学习电报技术。爱迪生听到后,非常开心,因为这正是他求之不得的,于是他立刻答应了。

从那以后,爱迪生每天都会在圣克莱门斯站下车,跟着麦肯齐学习电报技术。爱迪生进步很快,不久,他就掌握了电报的各种技术,发电报的速度比他的老师麦肯齐还要快。

1863年的春天,休伦港电报房的一位电报员因为个人原因辞职了,电报房需要重新招聘一个人。麦肯齐向电报房推荐了爱迪生。这时,爱迪生才刚满16岁。

爱迪生在休伦港电报房主要负责收发电报。但是由于成为一个报务员并不是他的目标,他只是想要了解电的原理,

所以在没有工作的时候,他就跑进实验室去做实验。另外,他还经常在晚上去向接收通讯稿的电报员学习,这让他很高兴。但是,这份工作的工资太低了。爱迪生在这里工作了几个月后,就离开了休伦湖,到斯特拉福德做了夜班电报员。关于爱迪生找到这份工作,还有一个小故事。

寒冷的冬天来临后,休伦港和加拿大城市萨尼亚之间的湖结冰了,水底的电缆也被冰块割断了。由于交通和通信全部中断了,所以这两座城市完全失去了联系。人们为了解决这个问题,都在焦急地想着办法。就在这时,爱迪生爬到湖边的一辆机车上,拉响汽笛,向湖对岸的人发送着摩尔斯电码:"萨尼亚,萨尼亚,听到请回答。"对岸的人听明白后,立刻做出了回应。就这样,两座城市又恢复了联系。

后来,这件事情传到铁路公司总经理那里,他立刻就雇爱迪生做了斯特拉福德枢纽站的电报员,让他负责夜间收报工作。

这份工作并没有太多事情,于是爱迪生就想在夜间休息,这样白天就可以有更多精力去读书和做实验了。但是,如果他在睡觉的时候被发现了怎么办?公司为了防止职员在夜班的时候睡觉,要求员工每一小时都要发送一次信号。很快,这个问题就被爱迪生解决了。他制

密歇根州休伦港铁路旁
年轻的爱迪生雕像

发明大王爱迪生

作了一个带缺口的齿轮，并将其和钟表连在一起。每隔一小时，电路就会接通一次，然后向总经理发送一次信号。由于他每次都能够准时向总经理发送信号，所以爱迪生得到了总经理的多次表扬。

但是很快，爱迪生的"小把戏"就被识破了。一天晚上，爱迪生又趴在桌子上睡着了，他发明的自动装置到时间后准时向总经理发送了一次信号。可是，没过一会儿，总经理就有急事向他发出呼叫。对此，睡着的爱迪生一点回应都没有。总经理以为他发生了事情，就急忙赶到斯特拉福德站电报室。结果，他发现爱迪生趴在桌子上睡得正香。于是，爱迪生被解雇了。

从1864年到1867年，爱迪生去了很多地方，斯特拉福特、艾德里安、韦恩堡、印第安纳波利斯、辛辛那提、田纳西、路易斯维尔等。他的工作始终都是报务员。每到一处，爱迪生都会先租一个便宜的房子，然后把自己的实验仪器和药品搬到房子中。每天下班一回到家，他就埋在瓶瓶罐罐中，开始做各种实验。

1867年冬天，爱迪生又回到了休伦港。他在家里待了几个月后，发现家里的情况越来越不好了，于是他再次离开家，到波士顿去了。

在旅途中，一场大暴雪将他困在半路上整整一天一夜。由于没有多余的钱来雇车，所以他只好步行到波士顿。等他比计划时间推迟4天到达目的地后，他已经饿得快晕过去了。

爱迪生穿着一身单薄的衣服来到西方联合公司波士顿分

部，想要在这里找到一份报务员的工作。他刚走进公司，就引起了人们的一片哄笑。但当他坐在工作台前接受收报测试的时候，人们都被他娴熟的操作技术给震惊了，对他尊敬不已，再也不敢嘲笑他了。爱迪生按照要求须接收一份将要在报纸上进行专题报道的新闻，而发报的则是纽约最快的报务员。爱迪生为了追上发报人的速度，就将字体缩小了。在这种情况下，他1分钟竟然可以写55个单词。那个发报人想尽一切办法为难爱迪生，但都被爱迪生轻松解决了。于是，爱迪生就被聘用了，而且获得了"最佳报务员"的称号。

爱迪生在波士顿住了下来。晚上，他就到公司上班，收发电报；白天回到家里，他就读书或者做实验。一天，他买了一本法拉第的《电学试验研究》。从这本书上，他学到了很多电的知识，尤其是书中关于电报业发展的理论基础讲解，使他受到很大启发。他沉迷在书中，甚至忘记了吃饭。当同事喊他去吃早饭的时候，他从书本中抬起头，感慨地说："我已经21岁了，可我还有很多事情没有做，人生真的是太短了，我怎么能浪费时间，不努力学习呢？"

爱迪生把挣来的钱几乎都用来买书和实验用品了。他的房间里到处都是书和实验器具，连走路的地方都没有。他的同事都嘲笑他是"乡巴佬"，可是内心又对爱迪生无比尊敬和佩服。因为，他经常会发明出很多东西，比如他可以用一个锡箔纸接通电流来杀死蟑螂。当然，更让人佩服的是，他对于二重发报机的研究实验。美国南北战争使电报技术的优势得到极大

发明大王爱迪生

的凸显,很多人看到这个机会,都想对这种技术进行改进,使其得到更大的发展。爱迪生当然也不愿错过这个大好机会,他向总报务员米肯利提出了要进行二重发报机的研究实验,米肯利鼓励他说:"你的想法很好,我很赞同你做这个实验,如果你最后成功了,其价值就和铁路线铺了双轨一样大。"得到领导的认可,爱迪生更加有信心了,他认真地开始了研究实验。

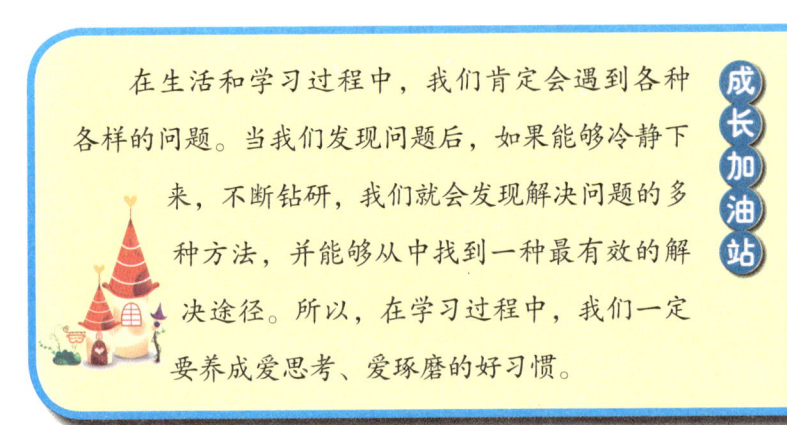

成长加油站

在生活和学习过程中,我们肯定会遇到各种各样的问题。当我们发现问题后,如果能够冷静下来,不断钻研,我们就会发现解决问题的多种方法,并能够从中找到一种最有效的解决途径。所以,在学习过程中,我们一定要养成爱思考、爱琢磨的好习惯。

延伸思考

1. 爱迪生在报务员的岗位上表现如何?

2. 爱迪生为什么要到波士顿?在波士顿他又经历了什么?

第五章　职业发明家

爱迪生在西方联合公司波士顿分部工作一段时间后，认为自己已经积累了丰富的电学知识，没有必要再从事报务员的工作了。他想辞去工作，专门进行发明创造。于是，他开始到波士顿的很多工厂去探访，其中就有贝尔电话的最初的制造商查尔斯·威廉姆斯所拥有的工厂。没过多久，爱迪生就在这里制造出了选票记录机的原始模型。

爱迪生之所以要制造这台机器，是因为他在从事报务工作的时候，经常会接收到国会表决的消息。他对冗长烦琐的投票过程记忆犹新，每次他都要将代表的名字一一念出，然后在名字的后面记上"赞成"或者"反对"，非常花费时间。爱迪生发明的这台机器上边装有两个按钮，一个代表"赞成"，一个代表"反对"。当国会议员投票的时候，只需要轻轻按一下其中一个按钮，他的投票结果就会在主持人面前的机器上显示出来。另外，这台机器还可以自动统计票数，省时又省力。

但是，人们对于他的这个发明并不感兴趣。国会里的官

员们看到他的机器后,对他说:"小伙子,你的投票机可能是这个世界上我们最不需要的发明了,因为拖延投票时间也是一些人阻止议案通过的一种方式。"在守旧派的顽固抵制下,爱迪生的这台自动投票器被搁置了,他提出的投票机的专利申请也被驳回了。

但这并没有让爱迪生放弃发明创造。从这件事中,他领悟到一个道理:发明创造一定要符合社会需求。后来,他的每一项发明都是在他对人们和社会的需求进行细致的观察之后才产生的。

很快,爱迪生就又开始了一项实验——改良股市接收机和商情报讯机,并在此基础上发明了"极化继电器"。这一次,爱迪生为他的发明成功取得了专利。然后,一家提供股市行情的代理处从他这里买了一台"极化继电器",很快,又有三四十家客户前来购买机器。

这一次的成功让爱迪生的信心大增,他又继续进行之前没有完成的二重发电机的实验。他把自己锁在实验室里,常常一个星期不出门,一心都扑在做实验上。为了实验,爱迪生花完了他全部的积蓄,还欠了一大笔债。1869年,爱迪生向西方联合公司申请在线路中进行双通路电报实验,并希望能够得到西方联合公司的支持,但是失败了。后来,爱迪生又向大西洋—太平洋电报公司申请。大西洋—太平洋电报公司表示愿意与爱迪生合作,并向他提供800美元的资金,让

他能够顺利完成整个实验。到4月初的时候，他终于完成了全部的实验。他带着自己新发明的机器来到大西洋—太平洋电报公司在罗彻斯特的电报房，满怀希望地进行着演示，以为一定会成功，但是在尝试很多次以后，都没有成功接收到信号。试验失败了，爱迪生几个月的辛苦全都化为了泡影。

青年时期的爱迪生

爱迪生非常失落。这时，他身上的钱已经花光了，再待在波士顿也没有什么发展了，于是他向朋友借了一些钱，到纽约去了。后来的事实证明，爱迪生这次的决定是正确的。在纽约，他才开始走上真正的发明创造之路。

爱迪生的一位朋友富克林·波普也在纽约，是洛斯黄金情报公司的总工程师。他非常了解爱迪生的才能，所以当爱迪生找到他，请求他的帮助的时候，他慷慨地向爱迪生伸出了援手。他对爱迪生说："你放心在我这里住下，什么时候找到工作了，什么时候再搬走。"

爱迪生在洛斯黄金情报公司住下之后，对公司的主要业务也逐渐了解了。这家公司主要是向它的客户提供股市交易

市场的情报。并且，他还在公司职员下班回家之后，对公司的设备进行了研究，熟悉了公司的设备系统。

一天，公司的主要机器发生了故障，导致所有的工作都无法进行下去。这一下，大家都慌了，因为只要股票的价格稍有波动，都会影响整个纽约城市的物价，使市场情况发生天翻地覆的变化。人们都围在那台机器前，不知道该怎么办。这时，爱迪生走到机器旁，仔细观察了一番，很快就找到了问题。原来，机器上的一个弹簧折断了，卡在了两个齿轮中间。于是，爱迪生告诉公司经理说："先生，我知道机器什么地方出现了毛病，请让我试一下可以吗？"公司经理看着眼前这个穿着寒酸的年轻人，一脸的狐疑。波普看到经理不相信爱迪生，忙站出来向老板介绍了爱迪生。公司经理听到波普对爱迪生的介绍，知道他曾经发明了很多机器，才放下心来，让爱迪生去修理机器。

爱迪生用了两个小时的时间就把机器修理好了。公司经理看着重新高速转动起来的机器，非常高兴，同时也为爱迪生的聪明才智所折服。第二天，经理就聘用爱迪生做波普的助手，帮助他管理所有的机器，给他每月300美元的月薪。爱迪生还是第一次拿到那么高的工资，别提多开心了。1个月后，波普离开公司，打算另起炉灶，于是爱迪生就接替了他的职务，成了公司的总工程师。

两个月前还身无分文、忍饥挨饿的爱迪生，转眼间就成

了公司非常重要的高级工程师,这是多么具有戏剧性的变化啊!

后来,爱迪生对波士顿发明的纸带股市接收机进行了改革,使洛斯公司的金价指示器变得更加完善。这样一来,洛斯公司的机器设备在同行业中就处于领先地位,成了西方联合公司的竞争对手。于是,资金雄厚的西方联合公司就收购了洛斯公司。爱迪生又成了西方联合公司的职员。

爱迪生从多年的工作经历中,已经掌握了成功的途径,而且也对社会的需要有了准确的定位,他认为他已经可以开始进行自己的事业规划了。于是,1869年9月,也就是在西方联合公司收购洛斯不久后,爱迪生辞去了总工程师的职务,然后与波普及另外一个朋友一起开办了一家波普—爱迪生公司,主要经营承办私设电信线工程。这在美国还从来没有过。

为了省钱,爱迪生租住在新泽西伊丽莎白市波普的家里。另外,他在纽约的一个医生的诊所里又租了一间房子作为实验室。这个地方离他的住处很远,每天爱迪生都很早起来,搭乘火车到实验室去工作,很晚才回来休息。后来爱迪生回忆说:"我每天早晨6点起床,7点搭乘火车到纽约,在事务所里工作到下午6点,然后和波普分手后,我就来到实验室进行试验。凌晨1点的时候,我搭乘火车回到伊丽莎白市,然后再步行1公里回到住处。等到我上床睡觉的时候,往往已

经是凌晨两点了。"

爱迪生凭借着自己的聪明和努力，得到了金价印刷机和美国印刷机两项发明专利。很快，美国电报行业的领军人物马歇尔·莱弗茨就知道了，他在和波普—爱迪生公司经过6个月的商谈之后，终于以1.5万美元的价格收购了爱迪生的发明。在这次交易中，爱迪生一个人就赚了5000美元。爱迪生没想到自己的发明竟然会给他带来这么大的收益，他也因此知道了自己的发明创造的价值和重要性。

后来，爱迪生又研制出了一架叫作"爱迪生普用印刷机"的机器。他带着这个机器来到利弗茨的办公室，向在场的西方联合公司的一些工程师展示了这个新发明的作用及使用方法。这个机器不需要人工操作，就能够自动使各机器整齐地运动，非常容易操作而且具有很大的实用价值。

利弗茨很想买下这个机器，他对爱迪生说："爱迪生先生，我很喜欢这台机器，希望您能够将它让给我。不管您开出什么样的价格，我都会支付给您。"

可是，爱迪生也不知道他的这项发明值多少钱，于是他回答说："请经理先说个价格吧！"

利弗茨说："您觉得4万美元合适吗？"

爱迪生惊住了，他心里想这台机器顶多也就值5000美元，即使最后给3000美元，他也会卖掉，可没想到利弗茨一开口就给了4万美元。爱迪生后来回忆说："听到这个数字的

时候，我简直不敢相信自己的耳朵，我压抑着内心的激动，强装镇定，表示这个价格是合理的。"

两天后，爱迪生就与利弗茨签订了合同，将一张4万美元的支票装进了自己的口袋。爱迪生带着这张支票，心情忐忑地来到银行。把钱存入银行后，爱迪生才安心地回家了。

成长加油站

我们在做事情的时候，难免会遭受失败。对于失败，我们一定要以一个正确的态度来看待。正所谓"失败乃成功之母"，只要我们不被暂时的失败吓住，依然坚持朝着自己的目标前进，我们就可以不断从失败中吸取经验教训，获得更大的成长。但是，如果在遭受失败之后，就一蹶不振，丧失了斗志，我们就永远无法达到目标，也不可能获得更大的成长和进步。

延伸思考

1. 爱迪生研制的自动投票机反应如何？对此，爱迪生的态度是怎样的？

2. 爱迪生到纽约后，人生发生了怎样的变化？为什么？

第六章　走向辉煌

爱迪生利用自己的发明赚到了人生中的第一桶金。但是，他没有将这笔钱用在吃喝玩乐上，而是全部用在了实验上。

1870年，23岁的爱迪生用这笔钱在新泽西州纽瓦克市建立了属于自己的工厂，专门制造各种电气机械。由于工厂效益很好，大量的客户包括利弗茨都接连向工厂订货，所以爱迪生的工厂规模越来越大，一开始只有十几个人，后来人数不断增加，有150多人，而且员工每天还需要两班日夜开工。爱迪生每天在上班的时候，会到工厂里亲自监督工人工作，到了晚上下班后，回到家里则继续进行实验，所以他每天睡眠时间很少，一般不到4小时。

爱迪生对工作总是充满了热情。据爱迪生工厂里的工人说，爱迪生的办公桌就放在工厂车间的一个墙角处。工人们在工作的时候，爱迪生就坐在桌子前进行各种实验。每当他完成一项发明后，他就会立即站起来，跳一种奇怪的舞蹈，以表达他无比喜悦的心情。同时，他嘴里还不停地嘀咕着什

么，仿佛是在骂自己一开始为什么没有找到这样简单的解决方法。工人们看到爱迪生做出这种动作的时候，就立即明白了，接下来他们就要根据老板的指示，进行制造工作了。

爱迪生的工人也和他一样，一旦工作起来，就忘记了时间。工人们从来不会抱怨工作时间长，因为他们喜欢和爱迪生一起工作。而且，爱迪生对待工人就像对待自己的亲兄弟一样，所以，工人们感觉自己不是在为爱迪生工作，而是在为自己的工厂工作。

一次，爱迪生接到了一个3万美元的订单，但是不巧的是，工厂的机器出现了故障，无法继续工作了。爱迪生把工人召集起来说："在没有完成这个订单之前，谁都不能离开工厂。"爱迪生和工人们在工厂里同吃同住，日夜不休地工作，最后终于把机器修好，把订单任务全部做完了。

完成任务后，爱迪生对工人们说："这段时间大家辛苦了，现在赶快回家好好睡一觉吧。睡醒之后，如果觉得这份工作不好，那就不用回来了。"可是，第二天，工人们都回来了，没有一个人离开。

当然，爱迪生也不会亏待他的员工。每次他完成一项重大的工作的时候，都会给工人增加工资。所以，工人们就更加卖力地工作。

由于爱迪生经营有方，所以工人们都非常佩服他。他们认为，爱迪生的脑袋就像是一架精密的机器一样，不管遇到

发明大王爱迪生

爱迪生研究所内的设备

什么问题,他都能够轻松解决掉。这时,爱迪生才24岁,可是工厂里的工人都喊他"老人",即使是年龄比爱迪生大的人也这样叫他。这个称呼不是贬义的,而是工人们对爱迪生尊敬和崇拜的昵称。

从1870年到1875年,爱迪生一直在纽瓦克的工厂里辛勤地工作着。在他的带领下,工厂的各项事务都进行得井井有条。后来,随着工厂规模的不断扩大,爱迪生又聘请了专业的商务经理来管理公司事务。在这6年中,爱迪生在发明创造方面取得了非常辉煌的成就。

爱迪生凭借着自己多年积累的经验,再加上自己勤奋、努力的探索,很快就成了电报行业非常出色的专家。在此期间,他的各种发明在社会上逐渐发挥出了它们真正的作用,而且过去的一些老式机器经过他的重新改造,效率也都得到了很大的提高。其中最值得一提的就是,他在老的发报机的基础上,又改造出了一台新的自动发报机。

随着电报业的飞速发展,老的自动发报机越来越不能满足社会的需要。于是,爱迪生就想对自动发报机进行改造。他买来各种化学和化工书籍,并用六个星期,就把这些书全部读完了。经过认真深入的研究之后,他开始了对电报机的实验。

他先后进行了2000多次实验，耗掉了数不清的器材，最后终于找到了改进自动发报机的方法。经过他改进的自动发报机，平均每分钟可以发出500多个单词，效率比老式自动发报机有了很大提高。

　　后来，爱迪生又开始进行二重发报机的实验。其实，他一直都没有放弃过对二重发报机的研究。但直到1872年，他才再次开始进行实验。这次实验很顺利，仅仅用了2个月的时间，他的二重发报机的实验就成功了。西方联合公司的董事长奥顿知道后，又请求爱迪生继续研究四重发报机。为了能够让爱迪生更加顺利地进行研究，他还同意为爱迪生提供电报员、电线和试验场地。于是，爱迪生就将其他事情全部推迟，全身心地投入到四重发报机的研究当中。大量的研究和实验不仅需要消耗大量的脑力，也需要很强的体力，其中的艰辛不是一般人能够忍受得了的，但爱迪生凭借着自己顽强的毅力和坚持不懈的精神，一直坚持进行着研究。1874年，爱迪生终于成功研制出了四重发报机。

　　爱迪生的四重发报机的性能非常好，在纽约到波士顿等地的线路中得到了应用，并发挥出了非常重大的作用。在研究四重发报机的过程中，爱迪生还发现了一种可以平衡电流的方法，这也是他以后成功改造电话时使用的必不可少的方法。爱迪生还帮助别人改进了打字机，也就是后来的"雷明顿打字机"。在改进成功后，他自豪地说："以后用这款新的打字机，可以大大提高打字的速度，人们的工作效率也就可以得到明显提高。我相信，这款打字机很快就会在市场上

畅销的。"然而，刚开始的时候，雷明顿打字机的销量并不好，因为人们认为用打字机来写信显得很没有礼貌。但是后来，人们认识到了打字机的便利，于是越来越多的人使用打字机，使得雷明顿打字机突然变成了热销品。

当然，爱迪生在进行发明创造的时候，也留下了一些遗憾。1875年，他无意中做了一项关于电磁波的实验。一天，他在做实验的时候，将导线的一端接在了衔铁上，将另一端对着金属导体的尖棱顶角。这时，他发现在金属和导线之间产生了电火花。但是，他当时并不太了解这个发现的意义，而且当时他正在忙着研制炭质电话机和留声机，所以就没有对这一发现进行深入细致的研究。他后来回忆起这件事情的时候，遗憾地说："当我发现它的时候，我以为它预示着我的实验出现了问题，所以我很讨厌看到它。当时我正进行着好几项实验，根本没有时间对它进行深入的研究。我只是观察到了结果，并把它送给了别人。他们在我的发现的基础之上，取得了新的研究成果。如果我当时能够重视它，并好好加以研究的话，那么我相信我肯定会取得更大的成绩的。"

爱迪生在此期间还发明了其他很多东西，比如蜡纸、自动电气笔、火灾警报器等。在1872年这一年，爱迪生就获得了38项发明专利权，到了1873年，他又获得了25项新发明专利。这些发明大部分都是与电报有关的。但是到了1875年，爱迪生的发明研究范围就有了很大的突破，他在西方联合公司董事长奥顿的支持下，开始着手对电话进行革命性的基础改良。

第六章　走向辉煌

成长加油站

成功没有捷径。一个整天游手好闲、等着幸运降临到自己的身上的人，是不可能取得什么大的成就的。一个人要想获得成功，只有坚持不懈地努力。当我们踏踏实实地投入到一件事情中去的时候，我们会集中精力、一步一步地推动事情向前发展，早晚会收获一定的成绩。

延伸思考

1. 爱迪生对待工作是一种怎样的态度？

2. 爱迪生为什么能在短短6年内发明出那么多东西？

名人名言

天才是百分之一的灵感加上百分之九十九的汗水。

——爱迪生

世界上没有任何一种具有真正价值的东西可以不经过辛勤劳动而能够获得。

——爱迪生

第七章　经历大悲大喜

爱迪生之所以能够发明出那么多东西，成为闻名世界的大发明家，与他的母亲有很大关系。所以，爱迪生对于母亲始终怀着一种无比巨大的感恩之情。

一天，爱迪生收到家里寄来的一封信，信上说他的母亲得了严重的疾病，要他赶紧回家。爱迪生看完信后，非常震惊，他立刻收拾行李，回到了家里。此时，他的母亲头发已经全白了，因为疾病的缘故变得非常消瘦。爱迪生紧紧地握着母亲的手，说："妈妈，你一定要好起来，我才刚开始我的事业，还没有让您看到我的成绩，让您过上好生活呢！"

爱迪生妈妈

"阿尔，我恐怕等不到那一天了。我会在天上保佑你的，不要太伤心了，我的孩子。"

爱迪生听到母亲的话，泪水就止不住地流下来。对他来说，母亲是最重要的人，可是现在他最爱的母亲就要离他而去，他怎么能不悲伤呢！

第七章　经历大悲大喜

"阿尔，不要哭，你还年轻，你今后的路还很长，也许你会碰到很多不愉快甚至令人痛苦的事情，但你一定不能灰心，更不能放弃，不管多大的困难，你都要心中充满希望，鼓起勇气去面对。"母亲仍然和以前一样，温柔地鼓励着他。

1871年4月9日，爱迪生的母亲去世了。爱迪生和家人一起将母亲葬在了湖畔的小山上。在母亲的墓前，爱迪生泣不成声，最后被家人搀扶着回到家。不久，他怀着悲痛的心情回到了纽瓦克。他觉得，只有努力工作，做出一番成就来，才能够报答母亲。于是，不管白天黑夜，也不论春夏秋冬，他一刻不停地努力着。不管遇到多大的困难，他都不退缩，勇敢地去面对，去克服。

1871年秋天，爱迪生还没有从母亲去世的悲痛中完全恢复过来，一份天大的幸福正朝他走来。他生命中的另一个非常重要的女人玛丽·史迪威出现了。

一天，爱迪生从研究室出来要去吃午饭，就在这时，天突然下起了暴雨。爱迪生转身回到研究室拿了把雨伞下楼，这时他看到两个年轻女孩正站在门口避雨。

"我把伞借给你们吧！"爱迪生对那两个女孩说。

那两个女孩起初有一点儿害羞，她们没有回答爱迪生的话。过了好一会儿，其中一个才说："那就太谢谢您了。"

原来，这两个女孩是姐妹，姐姐叫玛丽·史迪威，妹妹叫爱丽丝。玛丽当时只有16岁，她身材高挑，面容娇美，还有一头金黄的长发。1871年，她曾在爱迪生的工厂里工作。而最吸引爱迪生的则是她的善良与勤劳。

美国1931年生产的爱迪生收音机

爱迪生为了进行实验和研究，会从世界各地买来很多化学方面的书籍。他每天都埋在这些书堆里，认真研读，遇到重要的内容还会在下面画上红线。玛丽就会将爱迪生画上红线的部分抄录下来，并按照顺序整理好，以备爱迪生查阅。渐渐地，玛丽就被爱迪生的认真与勤奋打动，越来越敬佩爱迪生了。

不知不觉地，两个人就陷入了爱情中。不久，爱迪生就向玛丽求婚了。但是玛丽的父母觉得女儿还小，现在结婚还太早，于是就让他们一年以后再谈结婚的事情。可是，爱迪生不同意，在1871年的圣诞节，他就与玛丽成婚了。

据说，在结婚那天，爱迪生竟然抛下新娘，又钻进他的实验室里去工作了。

在婚宴上，爱迪生突然像丢了魂一样，整个人都呆呆的。当新郎新娘要向宾客敬酒的时候，他趴在玛丽的耳朵旁，小声说："亲爱的，我有一点急事要立刻到工厂去一趟，一会儿我就会回来，可以吗？"玛丽点头同意了。可是，爱迪生一整晚都没有回来。玛丽独自一人向宾客敬酒，最后又一一送走了宾客。原来预定的庆祝活动也只好因为爱迪生的缺席而取消了。

爱迪生丢下新娘，自己一个人究竟干什么去了？原来，

在那段时间里，爱迪生正在进行自动发报机的研制工作。在研制过程中，有几个难题他一直没有想到很好的解决办法。举行婚礼仪式的时候，他突然想到了一个新的解决方案，所以才丢下新娘急切地跑到实验室里去了。

爱迪生一进试验室，就脱下外套，全身心地投入到研究中去了。天一点一点地变黑了，爱迪生依然没有想起被他丢在家里的新娘。他习惯性地点上灯，继续工作。一个工人来到实验室，看到爱迪生正聚精会神地做实验，震惊地喊道："先生，我到处都找不到你，原来你在这里啊，赶快跟我回去吧，新娘还在等着你呢。"

爱迪生这时才意识到今天是他结婚的日子。他问那个工人："现在几点了？"

"已经半夜12点啦！"

"啊，我必须要回家了，我才想起来今天是我结婚的日子。"爱迪生伸了一下懒腰说。

爱迪生对妻子的爱是真挚的，这一点毋庸置疑。婚后不久，爱迪生就带着妻子玛丽到尼加拉瀑布度了蜜月。后来，爱迪生和玛丽生育了两个儿子和一个女儿。他给女儿取了一个昵称为"Dot"，是"小圆点"的意思，给小儿子取的昵称是"Dash"，是破折号的意思。这两个单词都是电报发送电码中的词语。爱迪生用电报发送电码来称呼自己的孩子，由此也可以看出他对电报是多么热爱。

虽然家庭生活对爱迪生非常重要，但他依然没有因此放松自己的事业。相反，家庭生活使他从烦琐的日常事务中解脱出来，更加投入到发明创造工作当中去了。他经常工作到深夜才回家，有时候忘记带家里的钥匙，他就从窗户上爬进屋里。有一次，爱迪生又工作到半夜才回家。这时，妻子玛丽已经睡着了，爱迪生又没有带钥匙，于是，他就扒着卧室的窗户，打算不叫醒妻子，自己悄悄钻到屋里休息。可是天太黑了，他不小心撞到了窗户边的桌子，发出了很大的声音。玛丽突然惊醒过来，以为是贼来偷东西，拿着花瓶准备要将盗贼打晕。结果从卧室出来一看，是自己的丈夫回来了。

成长加油站

收获永远与付出是成正比的。爱迪生之所以一生中能够拥有那么多发明，是因为他始终将自己的实验研究事业放在第一位，即使是在结婚那天，也依然如此。所以，如果我们想要取得一番成绩，就要牺牲享乐的时间，将精力集中在工作和学习上，坚持不懈，这样，我们才能达到自己的目标。

延伸思考

1. 在丧亲之痛面前，爱迪生是如何面对的？

2. 爱迪生为什么要从婚礼上离开？这件事体现出他怎样的品质？

第八章　建立门罗公园实验室

　　1873年，爱迪生和玛丽的第一个孩子出生了。随着孩子的到来，他们原本就不宽松的家显得更加拥挤了。而爱迪生进行实验研究的器材和药品也越来越多，把他在纽瓦克的工厂都堵得水泄不通了。而且工厂所在的街道也比较阴暗，非常影响工人的情绪。爱迪生在考虑了很长时间后，打算搬家。但是搬到哪里去呢？爱迪生想要寻找一个比较宽敞、明亮且租金不是很贵的地方，但始终没有找到。

　　由于工作繁忙，所以爱迪生就委托他的父亲塞缪尔·爱迪生帮自己找搬迁的地方。父亲虽然年事已高，但身体依然强健，而且很有活力。他从老家过来，在纽约周围转了好多天，最后终于找到了一个合适的地方，就是门罗公园。

　　门罗公园环境清幽，风景优美，而且租金很便宜，交通便利，紧邻着宾夕法尼亚铁路。爱迪生对这个地方很满意。在1876年，爱迪生就在门罗公园建造了一间实验室工

门罗公园

厂。他选择了庭院中间的一幢长方形楼房，然后按照自己的意愿进行改造。实验室共有两层，楼下是爱迪生的办公室和书房，楼上则是实验室和工人的车间。

爱迪生为这间实验室增添了大量的科学设备，还进一步扩充了图书馆。这个实验室工厂是美国历史上第一个有组织的工业科学研究机构，它的出现标志着集体研究开始了。因此，爱迪生的这一举动不仅对他个人意义重大，在美国历史上更是一大壮举。美国著名历史学家丹尼尔·布尔斯廷曾评价爱迪生的这一举动说："爱迪生在门罗公园建造的实验室工厂是真正意义上的工厂，在这个工厂里，他把发明创造与市场联系起来。虽然这个工厂位于偏僻的村庄里，但它并不是科学家们的隐退地。在这里，爱迪生把能够制造发明物的工人都聚集在一起，共同打造出一个又一个科学产品。"这个研究所后来成了美国许多大型工业研究机构的前驱，有力地推动了美国重视实用科学研究传统的形成。

门罗公园实验室工厂与其他很多企业有一个明显的不同，那就是这里的工人都非常热爱工作。他们不计较工作时间及报酬，只是出于对发明创造的热爱，怀着巨大的热情投入到每一项工作中去。这里没有一般公司中的那种复杂的人际关系，人与人之间的关系都非常和睦。

自门罗公园实验室建成以后，新的发明不断从爱迪生那里传递给工人，然后工人按照爱迪生的设计制造出一个又一个先进的科学产品。与之前的纽瓦克工厂相比，门罗公园实

第八章 建立门罗公园实验室

验工厂生产的产品所涉猎的范围更加广泛了。电话、电灯、留声机、电影等给人们的生活带来巨大改变的产品，都是爱迪生在门罗公园的实验工厂里研究发明出来的。

爱迪生在门罗公园实验室里研究发明出的第一个东西就是电笔。虽然很多人对于电笔并不是很感兴趣，但是，它对于爱迪生具有非常重大的意义，因为他要用这个产品来换取进行发明创造所需的资金。

爱迪生在发明出电笔以后，就打算申请专利，然后进行批量生产。可是，他在为电笔申请专利的时候遇到了麻烦。5月初的时候，他写信给华盛顿的一个朋友罗爱斯说："我希望您有时间的话，可以帮我到专利局去问一下，我的电笔的专利究竟下来没有。"爱迪生急切地盼望着电笔的专利能够快点下来，但是专利局一直拖着不发，这让他感到非常焦急。

于是，他又给罗爱斯写了一封信："现在这个产品已经安全地办完了印刷机、文具甚至打洞机的各种手续，还需要通过其他什么不可跳过的步骤吗？难道专利局的那群人竟然从亚述古国的石碑中发掘出了古巴比伦防止

门罗公园实验室

洪水的典籍，并用它来检测这个产品吗？"

又过了一个月后，爱迪生终于等不下去了，他烦躁地向罗爱斯抱怨道："天哪！如果那电笔一定要将所有的手续和步骤都过一遍的话，那么我打算在今年夏天投入批量生产的计划就彻底泡汤了。它现在是不是已经到维尔布那里了呢？我希望您能够再帮我去问一下他们，并且向他们说明我是一个穷困的孤儿……"

在等待了三个月后，爱迪生终于拿到了电笔的专利。

1877年，爱迪生先后获得了穿孔笔、气动铁笔和普通铁笔三项专利。而穿孔笔就是油印机和复印机的前身。

利用穿孔笔进行复印的程序非常简单。首先用一支尖铁笔在一张特制的粗蜡纸上书写，在蜡纸下面铺着一张刻有密纹的钢板。铁笔经过的地方，纸上就会留下无数小孔。然后，将这张蜡纸铺在普通纸上，用蘸了油墨的滚筒从蜡纸上压过，油墨便会透过小孔留在下面的纸上面。不久，爱迪生又设计出一种气动铁笔代替了这种简单的铁笔。气动装置可使笔尖做上、下运动，这样便在纸上留下一连串的微孔。后来，他又设计出一种电笔，这也是他的成型产品。电笔笔管很细，里面有一个钢尖，钢尖的上方是一台微型电机，电机的凸轮可以带动笔尖做每分钟数百次的上下运动。电机是由本生电池组来驱动的。所谓本生电池组，就是两个大玻璃瓶，内装一个活塞。使用电笔时，活塞就把极板送入电解液，不用时，极板就被活塞拉出，这样就能节省电能。为使

这种电笔适合办公，爱迪生还在电池组上安装了一只夹子。笔闲置时就夹在上面，十分方便。

这在当时是一项惊人的发明。用此种方式刻出的蜡纸，可以复印3000份。所以，在短短几年的时间里，这种装置不仅成了华盛顿政府机构的必备品，而且还远销俄国、中国等地。

成长加油站

兴趣是最好的老师，而现实中遇到的问题则是人生道路上的引导。在兴趣的带领下，我们找到自己人生发展的方向；而前进道路上遇到的各种问题则指引我们更加贴近实际，抛却幻想，从实际出发，明确更加切实的人生目标与追求。所以，我们在学习过程当中，一定要把兴趣与日常学习结合起来，根据自己的兴趣去选择发展的道路，用成长道路上遇到的问题不断修正我们的目标。

延伸思考

1. 爱迪生建立的门罗公园实验工厂具有怎样的意义？

2. 爱迪生为什么会想到发明电笔？

第九章　改进贝尔电话

爱迪生在建成罗门公园实验工厂之后，就立刻投入到了发明创造当中。这时，电报虽然解决了远距离通信的问题，但是使用的时候，必须要把文字翻译成符号才能够传送，接收到信号后还要再翻译成文字，所以非常不方便。于是，人们就开始想，有没有方法可以将人的声音转换成电讯号来直接传递信息呢？但是，由于当时还不具备研究的条件，所以这个问题也一直没有得到解决。后来，到了19世纪，随着电磁感应现象的发现和应用，发明新的通信工具已经成为可能。

爱迪生也开始了对发明新通信工具的研究。他在对德国物理学家赖斯发明的电话机进行了一番研究之后，发现这个机器有一个很大的缺点，就是断续电流。如果能够利用电流的强度使磁力变化，让铁板振动，那么它就可以传送人的声音了。

当爱迪生开始研究人声传导通信问题的时候，另外两位科学家也在进行着同样的事情，他们就是亚历山大·格雷厄姆·贝尔和伊利夏·格雷。1876年2月14日，贝尔取得了实验的成功，并正式向美国政府申请发明电话机的专利许可证。同一天，格雷也完成了发明，但比贝尔晚了2个小时。1877年，贝尔成立了贝尔电话公司，并广泛地向人们推广电话。

第九章 改进贝尔电话

贝尔发明的电话由两部分构成，分别是受话器和发话器。这两部分都是由电磁石和振动板构成的。振动板放在电磁石的前面，当声音振动通过电流传递给电磁石的时候，振动板就会随之发生振动，于是人们就可以通过受话器听到声音了。

刚开始的时候，人们觉得贝尔的电话非常有趣，但却不是很实用。因为，贝尔的电话发出的声音非常小，只能用于近距离通话，长距离通话根本就听不清。当时，有人对贝尔及其发明的电话批评说："电话这种东西根本就没有什么用处。"还有人认为电话就是"一种玩具"。虽然，贝尔的电话在一开始的时候遇到了阻碍，但是后来，随着贝尔公司的不断推广，贝尔电话得到了越来越多的人青睐，到1877年，贝尔电话已经被公众广泛采用了。

西方联合公司的董事长奥顿听到贝尔成立了贝尔电话公司，而且还发展得非常好，内心就不安起来，因为他的公司多了一位强劲的对手。奥顿心想："电话之所以在开始推广的时候受到阻碍，一定是因为它本身存在缺陷，这也就意味着贝尔发明的电话还有改进的空间。"于是，为了能够遏制贝尔电话公司的竞争，奥顿来到门罗公园的爱迪生实验工厂里，与爱迪生进行了一番深入的交谈。

实验室中的爱迪生

"爱迪生先生,我感觉电话在今后肯定会得到很大的发展,对此你有什么看法?"奥顿刚走进实验室,就盯着爱迪生说道。

"奥顿先生,我非常认同你的看法。但是从目前的情况来看,电话并没有发挥出它真正的作用。"爱迪生停下手中的实验,看着奥顿说。

奥顿立刻接着爱迪生的话说:"你知道我的公司在电信方面是比较有实力的企业,但是如果贝尔的电话公司发展起来,那么我的公司将会受到很大的冲击,甚至会有倒闭的危险。现在贝尔也已经发现了电话的缺点,他接下来肯定会对电话进行改良。如果我们赶在他的前面,率先下手,对电话进行改良,那么我们就能够转败为胜。爱迪生先生,我想了一下,能够对电话进行改良的人,除了你,没有第二个人了。所以,无论如何,你一定要帮我这个忙。"

奥顿急切地说完这一大段话后,热切地等待着爱迪生的答复。而爱迪生则低着头,一直在研究着手中的一个电磁板。过了一会儿,他才抬起头,说:"如果经过改良之后,电话能够变得更实用,那真是太好不过了。其实,并不只有你一个人是这样想的,我自己也很想来改进电话。我可以答应你的请求,但是我必须要事前声明一点,我改良电话并不是害怕贝尔公司发展壮大,当然也不针对贝尔先生个人。"

爱迪生停顿了一下后,接着说:"为人们制造出生活需要的实用物品,是我一直以来坚持的信念,所以我改造电话完全是出于我的意愿,而且我很高兴自己可以承担起改进电话的重任。"

于是,爱迪生在门罗公园的研究所里开始了改进电话的实验工作。他没有经验,也没有找到相关的参考书籍。所以

他只能一边摸索一边总结经验。他认为，改进电话的第一步就是要将受话器和发话器分离开。然后，要对电话的构造进行简化，而且还要更换材料，以使声音变得更加清晰。可是，用什么材料呢？爱迪生尝试了很多材料，水滴、海绵、湿纸、石墨薄片和油砥石等，但都没有收到很好的效果。后来，他突然想到了两年前他在做四重电报机实验的时候使用的一种方法——"平衡电流法"。可是，如何才能将这种方法应用到电话制造的过程中呢？

很快，爱迪生就发明出了一种传话器。这个传话器由一片膜板和一个放有少量炭粉的碟子构成，碟子的中间还有三小粒白金。当人们对着它讲话的时候，声音就会从受话器里传出来，声音很响亮，但却不是很清晰。

到此，爱迪生并没有停止，他仍在继续研究。贝尔电话的一个很大缺点就是灵敏度很差，双方在通话的时候必须得提高声音才行。爱迪生想要研制出一种比贝尔电话更加有效、性能更加完善的电话。他在给朋友的信件中说道："我现在正在尝试着研制那种电话，虽然还没有取得最后的成功，但已经比贝尔电话好多了……"

电话里的碳粒式麦克风

经过很长一段时间的摸索和研究之后，爱迪生终于找到了能够提高电话音质的材料。一天晚上，他正在实验室里埋头做实验的时候，感觉桌子上的油灯越来越暗了。原来，一种叫作"炭黑"的物质附着在灯罩上，阻

发明大王爱迪生

挡了油灯发出的光线。爱迪生看着灯罩上黑黑的一层"炭黑",突然想到了一个好主意。他把"炭黑"从灯罩上刮下来,涂抹在一个金属轮上,然后将这个轮子装在电话里。安装好之后,爱迪生迫不及待地试着用了一下电话,结果发现效果非常好。

爱迪生的电话终于完成了。1877年4月,爱迪生申报了这种碳素电话送话器的基础专利,但由于当时出现了很多专利纠纷,所以直到1892年5月,他的这项专利申请才得到批准。

爱迪生的"碳素送话器"和现在我们使用的电话几乎没有太大的差别。这种电话比贝尔电话优越很多。贝尔电话要靠人声来产生电流,这种电流非常微弱;而在爱迪生发明的电话中,人的声音只相当于一个开闭和控制电流强度的阀门。贝尔电话系统中,通过导线连接电话机的是比较弱的电流;而在爱迪生发明的电话系统中,电流在电线中传导的时候,线圈会产生更强的电流,所以最后受话机会接收到非常强的电流,因此通话的距离也就从几英里扩大到了几百英里。

爱迪生发明的碳素话筒

于是,一个问题出现了:电话的发明者到底是贝尔还是爱迪生?贝尔公司和西方联合公司发生了激烈争执,贝尔公司认为电话是贝尔发明的,而西方联合公司则认为爱迪生才是电话的发明者。双方为此争执了11年,最后请求法院进行判决。法院最后的决定是:贝尔是电话的发明者,但它的实用者则是爱迪生。

虽然法律一直不承认爱迪生的碳素话筒，但西方联合公司仍然想要将它买下来。最后，奥顿以10万美元的价格买下了碳素话筒。

之后，西方联合公司就向贝尔公司发起了猛烈进攻。贝尔公司在这场激烈的竞争中很快就落了下风，贝尔最得力的几位员工也都相继离他而去。贝尔为此感到非常气恼。于是他与爱迪生发生了激烈的争执。

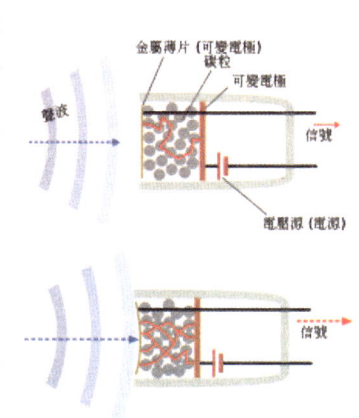

碳粒式麦克风的工作原理

1878年秋天，碳素话筒被送到英国进行试验，试验成功以后，又在英国皇家学院进行了表演。在试验的过程中，线路的一端使用的是爱迪生的送话器，另一端使用的却是贝尔发明的受话器。贝尔听说后，立刻通过他在英国的代表雷诺兹上校发出了抗议：爱迪生应立刻停止使用贝尔电话的装置，否则我将会告他侵权。爱迪生听说后，放下正在进行的白炽灯研究工作，与实验室里的所有员工一起，用了三个月的时间，研制出了一个新型的、声音更大的受话器，而这个装置是没有侵犯到贝尔的专利的。之后，这个受话器被送到了英国伦敦，与碳素送话器一起在英国皇家学院进行了演示。后来，爱迪生在英国的代表又成立了爱迪生公司伦敦分公司。至此，爱迪生与贝尔之间的争执发展到了白热化的程度。直到1880年9月，在英国政府的压力下，爱迪生与贝尔及

他们所代表的公司才和好,并将双方在伦敦的分公司合并成一家联合电话公司。联合电话公司的成立预示着爱迪生与贝尔之间长达3年的争执终于宣告结束了。

电话在推广和应用的过程中,它的结构和性能也得到了不断改善。到了20世纪初期,电话已经在比较发达的国家得到了大范围的普及。因此,有人说:"爱迪生对于现代电话的贡献已经远远超过了贝尔。"如果没有爱迪生对电话的改进,那么,电话在世界范围内的推广和应用进程将会缓慢很多。

成长加油站

在学习过程中,我们遇到问题的时候是怎样处理的呢?任由问题一直得不到解决,还是积极寻找解决问题的办法?有一句话说得好,"方法总比问题多",当我们遇到困难的时候,千万不要把它看得太严重,只要我们开阔眼界,从不同的角度来思考,寻找各种不同的解决办法,我们一定可以解决问题、克服困难,收获最终的胜利。

延伸思考

1. 爱迪生为什么要改进电话?

2. 经过爱迪生改进的电话具有怎样的优点?

第十章 神奇的留声机

爱迪生在30岁之前所发明的东西,基本上都是在已有的原理或别人发明失败的基础之上进行改良之后形成的,但留声机则完全是由他创造出来的。

当时,摄影技术已经出现并得到了一定的发展,于是一些人便开始想:既然图像可以被记录下来,那么声音应该也能被记录下来吧。早在1839年的时候,就已经有人提出了留声机的设想,但并没有进入到实验阶段。

到了1874年,克罗斯发现,用人的声音振动薄膜的时候,薄膜在一块涂有黑色碳素的玻璃上留下了振动细纹,然后用光烛将细纹印在金属盘上,接着用另一个薄膜附件在光烛后的细纹上移动,于是薄膜就可以将声音重现出来。但是,由于条件限制,克罗斯并没有将其付诸实

爱迪生发明留声机

践。10月的时候，一名科普作家雷诺神甫在《教区一周》发表了一篇文章，对克罗斯的装置进行了描述，并给这个装置取名为留声机。

同一时间，爱迪生也在进行着记录声音的实验。一次，他正在实验室里研究一种在纸带上打印符号的电报机的时候，发现电报机里的纸带会发出一种声音，而且当压力发生变化的时候，声音的高低也会随之发生变化。还有一次，爱迪生在进行电话实验的时候，发现发话筒里的膜片会随着说话声发生振动。于是，他用一根短针做了一个声音实验，结果发现声音的高低快慢会对短针振动的频率造成明显的影响。他观察到这种现象后，就产生了一个大胆的想法：为什么不能将膜片的振动记录下来，然后通过某种方式将声音复原呢？

但是，爱迪生当时正在进行着改良电报机的实验，同时还开始了对白炽灯的初步探索，所以他虽然已经在思考自动记录声音的方式，但没有更多的精力去开始一项新的研究了。直到11月份，《科学美国人》杂志上发表了一篇文章，说罗莎培丽博士和马雷教授已经成功地录下了人的喉、唇和腭运动的声音。紧接着，这个杂志又对外宣称，爱迪生及其门罗公园实验工厂的所有人员已经开始了"一种非常大胆的设计，这种装置可以将人的声音记录在纸条上，当以后人们想要再次使用的时候，可以通过这个装置将声音复原。"并且，它还推测这种装置很快就会被研制出来。后来，英国的《自然》杂志转载了这篇文章。在这种舆论声势的推动下，

第十章　神奇的留声机

爱迪生开始正式研究记录声音的装置。

爱迪生像着了魔一样在实验室里不分昼夜地进行实验，终于在1877年12月初，绘制出了一份留声机的具体结构图。爱迪生兴奋地把这份图纸交给他的机械师约翰·克瑞西，让他立刻按照他的设计制造出来。

克瑞西盯着图纸上奇怪的图样看了很久，然后抬起头看着爱迪生，好奇地问："这是什么东西啊？"

"这是一台可以说话的机器。"爱迪生一脸自豪地说道。

克瑞西更加好奇了，他想：老板是不是做实验太久，脑子已经糊涂了，怎么会有机器可以自动说话呢？但是他依然按照爱迪生的要求，很快制造出了一台和图纸上一模一样的机器。

这个机器由一个大大的金属圆筒、曲柄、受话机和振膜组成，看上去非常奇怪。工人们都围在这台机器周围，想要亲眼看看它到底是怎样说话的。可是，爱迪生对于他的这个发明并没有太大的信心。他说："我不期望这台机器能够成功，但是我希望从它身上得到一些信息。"

接着，爱迪生就开始操作这台机器了。他把一张薄薄的锡箔纸卷在刻有螺旋槽纹的金属圆筒上，然后又调整了一下振膜的针，使它的一头轻轻地擦着锡箔纸转动，另一头与受话机连接起来。一切都准备就绪后，爱迪生轻轻地摇动曲柄，对着受话机唱起了一首童谣："玛丽有只小羊羔，她的毛发白如雪……"唱完之后，爱迪生停止摇动曲柄，把针从振膜上取下来，将滚筒转回到原来的位置，然后再将另一个振膜的针头对准锡箔纸。当爱迪生再次摇动曲柄的时候，奇迹出现了。这台机器竟然发出了微弱的声音，这正是爱迪生刚刚唱的那首童谣。围

留声机

在机器周围的工人们都震惊了。这台机器竟然真的像人一样说话了！大家你看看我，我看看你，接着就抱在一起欢呼了起来。

爱迪生对于自己发明出来的这个东西也同样感到非常惊奇，他曾说："我从来没有像那样惊讶过。在长期的实验过程中，我得出了一个经验，很多刚发明出来的东西都不是很完善，都存在着大大小小的问题，还不能投放到市场上去。所以，对于实验一次就成功的东西，我总是比较怀疑的。可是，这一次我不得不承认，我真的做到了一次就研制成功了。"

这天晚上，爱迪生和克瑞西又进行了反复多次试验，希望能够对这台机器进一步优化。经过他们的改进，锡箔纸更加平整，曲柄和滚筒也更加稳定，机器发出的声音也更加清晰、连续。

1877年12月24日，爱迪生向华盛顿专利局提出了专利

斯拉的这种观点。

一天,特斯拉和爱迪生讨论发电机的潜在的改革可能性的时候,爱迪生随口说道:"如果你能够成功的话,我愿意支付给你5万美元。"

特斯拉坚定地说:"爱迪生先生,我一定会将发电机改造得更好的。到时候,您要兑现您的承诺啊。"

几个月后,特斯拉终于完成了对发电机的改革。当他向爱迪生索要5万美元的时候,爱迪生却反悔了。他对特斯拉说:"特斯拉先生,难道你不知道美国人都爱开玩笑吗?"

特斯拉对于爱迪生的这种行为感到很生气,于是立刻就递上辞呈,离开了爱迪生的研究所。其实,爱迪生一向都是很讲信用的,这次他之所以不愿意支付那5万美元,并不是因为他小气,而是因为他根本就不赞同特斯拉的观点和工作方式。

特斯拉从爱迪生的研究所离开后,就和乔治·威斯汀豪斯一起工作。乔治·威斯汀豪斯不仅发明了火车使用的气闸、铁路信号系统、天然气,他还在电力领域进行了深入研究。

威斯汀豪斯利用刚刚发明出来的变压器,对电线上的电流进行调节,从而减少了功率损耗,使电流能够保持适当的电压。他的这个系统可以节省大量的电流,但在使用变压器的时候,需要一个转化器将直流电转换成交流电。于是,爱迪生与威斯汀豪斯之间爆发了一场激烈的"电流战"。

1888年,特斯拉终于建成了一个完整的交流电电力传送系统,解决了长途输送电力的问题。到此时,爱迪生才意识到面临的危机。

为了打击特拉斯的交流电,保护自己的直流电系统不受冲击,爱迪生发行了一本题为《当心》的小册子,在这本小册子中,爱迪生详细讲述了交流电存在的种种危险。后来,他还在《北美周刊》上发表了一篇题为《电灯之危险》的文章。爱迪生不仅在舆论上传播交流电非常危险的观点,还用交流电杀死了猫、狗等动物,甚至还把交流电用在监狱里,用电椅来执行死刑,以此来破坏交流电的声誉。

在爱迪生的努力下,公众对交流电产生了极大的畏惧心理,把交流电看成了"杀人的恶魔"。对于爱迪生的打压行为,威斯汀豪斯也采取了必要的应对措施,在各种报纸和杂志上宣传交流电的好处。而这时,爱迪生公司又提议将电压限制在800伏以内。如果这一提议通过了,那么交流电的推广和应用将会受到极大的限制,而爱迪生的直流电系统将会夺回失去的市场。威斯汀豪斯当然不同意,于是,他在1888年的夏天做出了一个决定——起诉爱迪生等人。

在这场"电流战"中,交流电取得了最后的胜利。虽然在斗争过程中,威斯汀豪斯及其一直维护的交流电系统遭受了来自爱迪生公司的严厉打压,但这只是暂时的。很快,交流电就凭借着明显的优势得到了公众的认可,应用范围不断扩大,占据越来越多的用户市场。就连之前一直

特斯拉与偶像爱迪生的电流战争

反对交流电的爱迪生公司，其中心发电站和长途送电系统也使用了交流电，只在局部输电网的供电装置上保留了直流电系统。

自远距离输电变成现实以后，工业电气化过程中的电力供应问题就得到了解决。而且，不仅城市居民可以用上电，农村也逐渐实现了电气化，整个世界进入了电气化的时代。

成长加油站

在发明道路上成绩斐然的爱迪生，在直流电与交流电的交锋中，也采取了抵制交流电发展的态度和做法，影响了电力发展的进程。由此可看出，我们千万不能故步自封，一定要不断更新自己的知识和经验，这样我们才能够发现新事物的优点，才能够做出正确判断，跟上时代发展的潮流。

延伸思考

1. 爱迪生为什么要抵制交流电的发展？

2. 在"电流战"中，爱迪生最后的结果如何？这对我们有什么启发？

第十七章 发明有声电影

爱迪生在发明了留声机以后,就想要"设计一种像留声机之于耳一样的对眼睛发生作用的机器"。但当时爱迪生正全身心地进行着电灯试验,所以并没有将他的这一想法立即付诸行动。等他发明出电灯后不久,他就开始了对电影摄像机的研究。

其实,早在爱迪生开始之前,已经有人对摄像机进行了初步探索,他们就是美国著名摄影师迈布里奇、法国的马雷及英国的弗赖斯·格林。迈布里奇发现,如果把马奔跑的一系列图片连在一起绕在一个转动的轮子上,然后用幻灯放映,那么就可以重现马奔跑的场景了。于是,他就发明了一种叫作"动物实验镜"的放映机。但是这种放映机的摄影方法有一个严重的缺陷,那就是每一张照片都需要一台照相机来拍摄,而且拍摄对象必须要处于正中央,虽然看起来腿部在运动,但身体并没有太大位移,只有背景在快速地飞掠而过,所以并不是真正意义上的电影。

法国的马雷也对电影技术进行了初步探索。他通过用针尖在黑烟灰上划线的方法,来研究动物的动作速度。到1882年以后,

马雷与旅行到欧洲的迈布里奇见面后,他才决定利用照片进行实验。马雷创造了"摄影枪",接着又发明了"固定底片连续摄影机"。后来,柯达胶卷出现以后,马雷又将这种胶卷运用到自己的摄影机上,使其变成了"活动底片连续摄影机"。而这种摄影机和摄影技术就是现代摄影机和摄影技术的雏形了。

几乎在同样的时间段内,英国的勒普朗斯和弗赖斯·格林也在摄影方面做出了显著的成绩。他们将拍摄成的胶卷成功地投影到了银幕上。

但是,当时爱迪生正忙于电灯系统研究,直到1888年,爱迪生才开始研究电影机器。这年年初,迈布里奇到新泽西州的西奥兰治进行演讲。在这里,他与爱迪生见面了。两人就动物图像放映机和留声机结合的可能性进行了探讨。爱迪生当时就表示,接下来要发明一种"留影机"。但是研究一年之后,爱迪生并没有得到什么实质性的成果。

到了1889年,事情出现了转机。这一年,巴黎要举办世界博览会。爱迪生受法国政府邀请,来到了法国。在庆祝达盖尔公布摄影术50周年的宴会上,爱迪生遇到

爱迪生与乔治·伊斯曼在摄影机旁

发明大王爱迪生

了法国摄影家马雷博士,还参观了马雷的车间。在那里,爱迪生看到了一种连续显示影片的装置。这个装置使爱迪生获得了新的启发。

在返回美国的途中,爱迪生画了一张摄影机的草图。回到美国后,爱迪生就立刻开始了研究摄影机器的工作。他首先要做的就是试验条形底片,这是一种可以重叠起来的底片,他在马雷的车间里见到过。1891年5月20日,爱迪生研制出了第一台活动影视镜,并在实验室里向大家展示。这种改装型的机器中装有一台电动机,可以使50英尺长的胶卷从供人们观看的放大镜下通过。同年,爱迪生又向美国专利局申请了活动电影放映机专利。

可是,虽然这台装置可以容下50英尺的胶卷,但当时的胶卷并没有这么长。为了实现自己的目标,爱迪生又开始寻找一个能够提供优质长条胶卷的材料源,最后他找到了伊斯曼·柯达公司的创始人、被尊为"摄影王"的乔治·伊斯曼。乔治·伊斯曼根据爱迪生的要求,调整了胶片的大小和构造,生产出了爱迪生需要的长卷胶片。

爱迪生的活动电影试验进行得非常顺利。一开始,这架机器只能用来拍摄打喷嚏、简单的舞蹈动作、意大利琴师和猴子的游戏以及某人吸雪茄的姿态等。后来,爱迪生想利用日光进行拍摄。于是,在1893年,爱迪生在实验室里建造了世界上第一座摄影棚。阳光可以从摄影棚的屋顶照射进来,

为拍摄提供照明。摄影棚可以在半圆形的轨道上移动，这样，拍摄区域全天都可以接收到充足的阳光照射。

这座摄影棚虽然简陋，但却吸引了很多演员和歌舞明星等。初期在摄影棚里拍摄的内容都比较平常，但是人们很感兴趣，每天都有大量的人前来观看。可爱迪生不愿意将他的影片公开放映出来，因为他认为人们是不会喜欢无声影片的。

由于在研究有声电影上失败了，1894年，爱迪生就公布了他的"电影视镜"。人们通过机器顶端的窥视孔往里面看，就能够看到一部5分钟的电影。这种电影每次只允许一个人观看，非常原始，但是在爱迪生展映那天，依旧引起了巨大的轰动。

几个月后，出租活动电影放映机的兄弟格雷·莱瑟姆和奥特韦·莱瑟姆建立了自己的实验室，想要尝试将影像投放到银幕上，以便让更多的人能够同时观看电影。没过多久，他们就研制出了自己的机器——"望远显微两用镜"。

由于竞争对手莱瑟姆兄弟的出现，爱迪生感受到了来自银幕电影的威胁，所以他也立刻开始了银幕电影的研制与生产工作。为了能够在竞争中取得胜利，爱迪生买下了一个发明家发明的胶卷制动和启动更加灵活的凸轮运动的专利，然后生产出了一种新型放映机。爱迪生给这个新型放映机取名为"维太放映机"。

1896年4月23日，这个摄影机在纽约的科斯特—拜厄尔的音乐堂放映影片，受到公众极其热烈的欢迎。但是爱迪生没

发明大王爱迪生

有在美国以外的其他地区申请放映机专利，所以从此开始，电影制造业出现了激烈的竞争局面。

爱迪生为了打压竞争对手，独占电影的发明权，在1897年宣布了一个"专利权的战争"，并取得了这场"战争"的最后胜利。爱迪生迫使一些竞争者和自己联合组成了一家垄断企业，控制了美国的电影生产和发行。

虽然爱迪生已经在电影业取得了巨大成功，但他并没有停滞不前，他决心将无声电影发展成有声电影。于是，他便又开始了研究声音和影像结合的问题。1912年，爱迪生向邻居们展示了有声电影。一开始，观众们并没有看出这个机器与之前的放映机有什么不同，但当荧幕上出现一位身穿礼服的人，启动双唇像要说话的时候，他们立刻就听到了声音。观众们都被震惊了，在影片的最后，都不自觉地站起来热烈地鼓起掌来。

尽管这次展映很成功，但是爱迪生并没有继续对有声电影进行研究，因为他认为让放映机的声音传播到一定的距离几乎是不可能的。于是，他就改变了研究方向，决定用字幕来代替声音。到1927年，华纳兄弟影片公司才拍摄出一部有声电影，结束了默片时代。

爱迪生在晚年的时候，曾在一次宴会上说："在电影的发展过程中，我只是做出了一些技术上的贡献而已，并没有太大的功劳……我希望大家不要只想着用电影赚钱，还要多为社会做一些贡献。"爱迪生是这样说的，也是这样做的。他在很长一段时间内，都在致力于将电影应用到教育事业当中去。

第十七章　发明有声电影

成长加油站

谦虚使人进步，骄傲使人落后。这是一句非常真切的至理名言。爱迪生在电影发展进程中取得了那么大的成就，却说自己只做出了一些技术上的贡献而已。或许就是这种谦虚的精神，才使爱迪生不断追求、不断进步，从而获得更大的成就。我们在学习过程中也应该向爱迪生学习，做一个谦虚的人，不因为一点成绩而沾沾自喜，要不断清空自己，虚心请教，这样我们才能够不断成长。

名人名言

1. 爱迪生为什么最后决定对摄像机器进行研究？

2. 爱迪生对电影的发展做出了那些贡献？

名人名言

我不以为我是天才，只是竭尽全力去做而已。

——爱迪生

凡是新的不平常的东西都能在想象中引起一种乐趣，因为这种东西使心灵感到一种愉快的惊奇，满足它的好奇心，使它得到原来不曾有过的一种观念。

——爱迪生

第十八章 进军工业

爱迪生不仅在电气方面取得了很多杰出的发明成就,在工业领域也取得了不错的成绩。

由于美国工业发展迅速,所以市场对铁的需求量日益增加。但是,由于交通、技术等因素的影响,铁的供应量远远满足不了市场需求。1880年,爱迪生在开始发明电车的时候,曾到纽约州的长岛一带进行调查旅行。当他看到长岛几十公里的沙滩上到处都是铁砂,惊讶地说道:"这么多铁砂,就这样放在这里不加以利用,实在是太可惜了。如果用磁铁将铁从沙子中吸出来,一定能够得到几十万吨的铁吧。"于是,爱迪生立刻就采集了一些铁砂样本,带回了实验室。在试验过程中,他发现细微的黑沙颗粒可以被吸附在磁铁上。之后爱迪生便决定开发铁矿。在这一年,他发明了磁铁检矿机并申请了专利。1881年,他在长岛建立了一个实验工厂。但没过多久,一场突如其来的飓风将附近的铁

托马斯·爱迪生国家历史公园-工业综合体内部景观

砂吹到了很远的地方。于是，工厂只好停产了。

后来，爱迪生又在罗德岛建起了第二座工厂。这座工厂生产出了1000吨精选矿，但是质量仍然达不到标准。遭受了接连两次打击之后，爱迪生有些灰心丧气，他暂停了开矿事业，又回到了研究所。1884年，公司合并以后，爱迪生得到了大量的时间和金钱，于是他决定再次进行矿藏开采工作。

在行动之前，爱迪生做了大量的调查，搜集了相关的资料，并研制出了一种灵敏的磁针。当地下有足够多的铁矿的时候，磁针就会倾斜下来。一天，爱迪生的助手在新泽西州北部的塞塞克斯郡调查的时候，发现磁针倾斜得特别厉害。他们立刻对那里的土壤进行了研究，发现那是一片几千英亩的低品位铁矿。于是，爱迪生就把那块地买了下来，在那里建造了一个工厂。

爱迪生决定采用新机器来开采矿藏。他先后试验了50多种机器，不断加以改进，3年之后，终于发明了一种新的选矿机。爱迪生给这个机器取名为"爱迪生式选矿机"。开采矿藏的方法也不再使用其他矿山使用的方法，而采用大规模的新方法。爱迪生认为，应该用机器来粉碎矿石，然后再通过传输带在各个环节之间传送矿石。为此，爱迪生又设计了一种大型碎石机。这个机器的核心部分就是几只巨型的压辊。压辊上带有凸凹齿，并以每小时60英

位于曼哈顿高尔克街的爱迪生机器工厂

里的速度快速地旋转。一块重达6吨的大矿石被送进压辊后，立刻就会被打碎，成为小块的石块。接着，传送带将这些小石块送到下一组继续粉碎。最后，矿石就被碾压成了粉末。然后，480块磁石再将粉末中的铁筛选出来。为了更好地经营采矿事业，爱迪生还建造了储存矿石的仓库以及一座独立的矿粉加工厂。

爱迪生采用新机器和新方法生产出来的铁不仅质量比旧机器生产出来的好，而且成本还很低。于是，钢铁公司纷纷与爱迪生的工厂合作。1889年，爱迪生的工厂每天都要用75辆承载20吨的货车将矿砂运送到炼铁厂。但到了1890年，情况发生了变化。明尼苏达州的苏必利尔湖发现了很大的铁矿，而且铁矿品质高、分布广，可以采用成本较低的露天开采方式来开发。于是，铁矿的价格很快就下降了。在这种形势下，爱迪生的工厂不得不进行亏本生产和出售。最后，由于财政出现困难，爱迪生只好关闭了工厂。

这次失败使爱迪生耗尽了全部财产，还背上了巨大的债务。但是，爱迪生并没有因此而灰心丧气，已经51岁的他仍然像年轻时一样充满热情和干劲。很快，爱迪生就找到了新的发展方向——进军水泥制造业。

早在1824年的时候，英国石匠亚斯普丁就发明了水泥。到了19世纪末，水泥制造业已经得到了飞快的发展，美国对于水泥的需求量也不断增长。爱迪生从中看到了发展商机，他又从之前的采矿业中获得了丰富的关于碾石的经验，于是就决定进入水泥业。

1898年，爱迪生买下了位于西奥兰治以西800英亩储有水泥石的土地。然后，他阅读了大量水泥制造方面的书籍，广

泛搜集资料，然后绘制出了工厂的设计图。

工厂建好以后，爱迪生就将之前用于开采铁矿、碾碎矿石的机器运送过来。他从附近的矿场采来石灰石，然后将其碾碎作为水泥原料。1902年，爱迪生的水泥工厂开始生产水泥了。机械化生产使工人从繁重的劳动中解放出来，而且工作效率也得到了很大提高。爱迪生坚信水泥制造业未来肯定有广阔的发展前景，于是便成立了"爱迪生·波特兰水泥公司"。

爱迪生还设计了一个大型长窑，产量是普通炼水泥炉的一倍。但是，爱迪生对此并不满足。他对长窑不断进行改进，使水泥的产量再次翻倍。几年以后，爱迪生式的长窑制造的水泥已经占到了美国全国出产的波特兰水泥的一半以上。而且，他还用选矿厂设计过程中获得的技术改革了水泥石烧制钱的碾磨工序，使烧制水泥所需的煤减少了一半。

水泥公司的利润很大，爱迪生仅用了不到3年的时间，就已经将当年开采铁矿欠下的债全部还清了。之后，爱迪生又开始设想铺设水泥路和建造房屋。

他在新村附近铺设了第一条1英里长的水泥路，但仅用了1年就毁坏了，后来他又铺设了几条公路，效果也都不是很理想。爱迪生经过仔细研究之后发现，公路

亨利·福特博物馆里展
出的托马斯·爱迪生的混凝土签名

发明大王爱迪生

之所以容易被毁坏,与路基的黏土硬度有很大关系。经过改良之后,他在其他地方又铺设了一条几英里的水泥路。这条水泥路直到1950年还在继续使用。

他在建造水泥房屋的时候,采用了先搭建房屋构架,然后再安装铁筋、灌注水泥的方法。按照这种方法,房屋很快就能够搭建好,而且成本非常低。这种建筑方法因此也被称为"爱迪生式建筑法"。1908年8月,爱迪生为这种房屋申请了专利。

"爱迪生式建筑法"给建筑界带来了一次巨大革命,此后各处的大楼、工厂等大建筑,纷纷采用这种方法。但是,用这种方法建造出来的房屋样式都一样,不能满足人们多样的居住习惯和爱好,所以这种房子并不是很受欢迎。

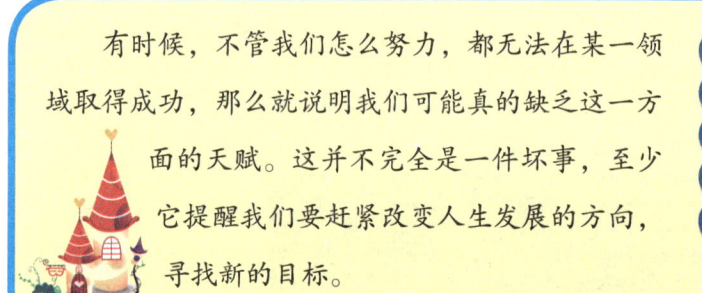

成长加油站

有时候,不管我们怎么努力,都无法在某一领域取得成功,那么就说明我们可能真的缺乏这一方面的天赋。这并不完全是一件坏事,至少它提醒我们要赶紧改变人生发展的方向,寻找新的目标。

延伸思考

1. 爱迪生在工业领域做出了哪些成绩?

2. 爱迪生进入工业领域,反映出他怎样的品质?

第十九章　发明新型蓄电池

19世纪末，电力在工业领域得到了广泛应用，使美国工业的生产方式发生了巨大的变化。为了给工业、电信事业和电车等提供充足的电力，许多大城市纷纷建立了大型发电厂。当时，电力来源主要有两种，一种是发电机发电，一种是用蓄电池。发电机虽然可以持续发电，但是太过笨重，不能随身携带。而当时的蓄电池都是利用铅和硫酸发生化学反应来产生电流的，当蓄电池里面的铅和硫酸反应完毕之后，它就无法再产生电流了。所以，人们也称这种蓄电池为"短命蓄电池"。

于是，爱迪生就决定研制出一种新型的蓄电池。他对这种蓄电池的设想是：体积一定要小，重量也要轻，以便随身携带；成本要低，这样才能够广泛推广和使用；电力要强，可以保证持续供电。确定了这样的目标之后，爱迪生便开始着手蓄电池的研究。

爱迪生除了用铅做试验以外，还尝试了其他许多种金属和化学药品，但都失败了。很多工作人员对这种情况都感到非常灰心，他们开始认为要发明一种不用铅的蓄电池是一种不可能完成的任务。爱迪生听说后，笑着鼓励他们说："我

不相信没有更好的制造蓄电池的材料。只要我们能够继续坚持努力，到最后一定会成功的。"

爱迪生为了能够尽快找到改进蓄电池的方法，没日没夜地工作着，累了就在实验室里随便找个地方休息一下，醒来后就继续工作。有一次，爱迪生连续工作了两天后，实在太累了，他对身边的同事说："我先睡一下。"说着，他就躺在桌子上，枕着化学词典睡着了。同事们看到后，开玩笑地说："所长在睡觉的时候估计都在吸收书里面的知识呢。"

5个月过去了，爱迪生和同事们已经试验了9000多次，却没有得到任何成果。朋友惋惜地问他："做了这么多试验，花费了那么多时间和精力，却没有收到任何结果，你难道不后悔吗？"爱迪生却乐观地笑着说："有什么可后悔的，至少我已经知道这几千种材料不适合，这难道不是一种结果吗？"

爱迪生不断从失败中吸取知识和经验，最后终于成功研制出了一种新型的蓄电池。

1902年夏天，爱迪生用他研制出来的蓄电池作为车辆的动力进行测试，测试路程为5000英里。在测试过程中，车辆每充一次电，可以行驶100英里。

1903年，爱迪生又对蓄电池进行了各种试验。他把蓄电池放在振动台上，测试蓄电池在振动状态下的性能；又把蓄电池从屋顶上扔到地上，看它是否破裂；还将蓄电池装在汽车上，在崎岖不平的山路上行驶。经过几个月的测试后，爱迪生以为他已经完成了新型电池的研制，可以投入生产了。

1904年，爱迪生开始在新泽西的银湖出售新型电池。这种电

池很快就受到了人们的欢迎。但是一段时间后，它的缺陷就暴露出来了。在使用过程中，蓄电池中的液态化学物质会流出来，并且它有时还会出现漏电、电力衰竭等问题。爱迪生了解到这种情况后，立刻停止生产，又开始了一个新的长期的试验。

爱迪生被称为"发明大王"

人们对于爱迪生的停产行为非常不理解，因为在他们看来，虽然这种蓄电池也存在一些问题，但比之前的铅酸电池要好多了，为什么要停产呢？于是，就有人写信向爱迪生询问原因。爱迪生向他们作了详细解释，他在回信中写道："我之所以停止生产，是因为我对这种蓄电池并不满意。现在，我要找出它身上存在的缺陷，并想办法解决，研制出更好的电池。"

于是，他又开始昼夜不停地在实验室里反复试验起来。到1905年夏天，他已经做了10296次试验。这年冬天，一种叫乳突炎的疾病让爱迪生彻底丧失了听力。但这依然没有阻止他继续试验的决心。又过了两年，爱迪生还是没有找到合适的材料。于是，人们开始讥讽他说："不使用铅来制造电池根本就是不可能的事情。"爱迪生听到后，并不生气，他说："在这个世界上，没有什么问题是解决不了的。如果没有解决，那是因为他还不够勤奋。"

爱迪生就在这种精神的支持下，不顾外界的嘲讽，继续坚

持研究。终于，他找到了一种新的制造蓄电池的材料——镍铁。他用镍铁代替铅，用碱性溶液来代替硫酸，研制出了世界上第一台镍铁碱电池。但是，爱迪生仍然不满意，他认为镍铁片的厚度是电池成功的关键因素，于是他又花费了很长时间制造出了一种只有五千分之一英寸的镍铁片。到1909年，也就是爱迪生开始研究电池的第十年，他终于研制出了一种性能相当好的镍铁碱蓄电池。这种电池每充电一次就可以使汽车行驶100英里，而且不会因为过量充电或长期闲置而损坏，寿命是铅电池的好几倍。1910年，这种蓄电池就投入了大规模生产。

1909年，爱迪生发明的"Exide"牌镍铁电池

镍铁蓄电池一经上市，就受到了人们的热烈欢迎。而且这种电池还特别适合用于潜艇。由于镍铁蓄电池用的是有盖气门，所以有毒气体不会轻易跑出来。即使有毒气体溢出，也会被氢氧化钾等消毒剂给吸收掉，所以和铅酸电池相比，这种电池非常安全。另外，爱迪生还为用于潜艇的蓄电池专门加了一个机件，使氢氧化钾完全脱离了气泡，这样用起来就不用再加铅墙等保护物了。

此外，爱迪生发明的镍铁蓄电池还可以用于无线电广播收音，据说使用寿命超过其他无线电蓄电池3~6倍。但是在使用的时候需要另换别的装置。

第十九章　发明新型蓄电池

蓄电池在各行各业都发挥出了巨大的作用，直到今天，人们还在使用这种蓄电池。为了纪念爱迪生所做的功绩，人们就把这种镍铁蓄电池称为"爱迪生式电池"。

成长加油站

爱迪生曾说："人生太短暂了，事情是这样多，能不兼程而进吗？"他是这样说的，也是这样做的。只要他投入到实验当中去后，便忘记了时间，忘记了吃饭和休息，利用一切可以利用的时间抓紧进行发明研究。所以，他能够成为闻名世界的发明家。我们在学习中也要向爱迪生学习，不浪费时间，在大好的青春年华里，多读些书，多学习文化知识，不断充实自己，这样，我们在以后才能厚积薄发，做出一番成绩来。

延伸思考

1. 爱迪生为什么要停止生产蓄电池？这体现了他怎样的品质？

2. 爱迪生发明的蓄电池和铅酸电池相比有什么优势？

第二十章　自制苯酚

爱迪生研制出新型蓄电池并将其发展成自己的一项事业之后，他已经60多岁了。可是，他仍然辛勤地工作着，一个人做两个人的事，并且仍然保持着积极乐观的心态。

1914年夏天，第一次世界大战首先在欧洲爆发，然后又迅速波及全世界。在战争初期，美国保持着中立的立场。但是这并没有使美国摆脱战争带来的影响。由于美国的很多企业都是从欧洲国家进口原材料的，所以当英国等国家采取封锁政策后，美国就无法及时获得工业生产的原材料了。

爱迪生的工厂就面临着苯酚供应方面的问题。爱迪生的唱片工厂平均每天都要使用1吨半的苯酚，由于原材料无法及时供应，所以工厂不得不停产。爱迪生为了能够使工厂正常运转，就产生了自己制造苯酚的念头。

于是，爱迪生立刻将用来制造蓄电池的镍工厂的一部分改造成了苯酚制造工厂。可是，爱迪生只知道苯酚是从石炭里面提炼出来的焦油经过蒸馏之后制成的，至于具体的方法和需要用到的设备，爱迪生一点都不了解。但爱迪生并没有被困难吓住，他尝试了五六种生产合成苯酚的方法，经过对

比之后，选出了两种比较有效的方法，然后又在实验室里用这两种方法继续进行试验，最后终于确定了苯酚的制造工艺。找到了方法，没有原材料也是不行的。于是，爱迪生又与化学剂制造商联系，问他们是否能够为他提供原材料。结果只有一家厂商同意提供原材料，而且

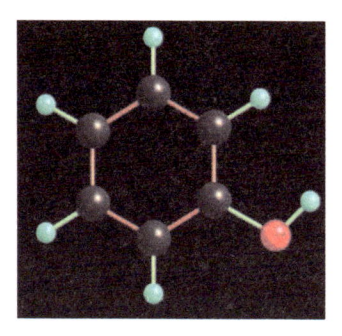

苯酚的分子结构

也需要等6个月。爱迪生为了争取时间，决定自己建造一个苯酚生产厂，亲自来制造苯酚原材料。不久，爱迪生新建的苯酚生产厂就投产了。在短短20天的时间里，他的苯酚生产厂就生产出了700磅苯酚。过了一段时间后，产量又得到了大幅度提升。

美国工业界的很多企业都因为缺少苯酚这种原材料而停产了。当他们听说爱迪生已经生产出了大量的苯酚的时候，纷纷来向爱迪生求助。为了满足人们的需求，爱迪生决定建立制苯厂和染料厂。

爱迪生仔细研究了关于生产苯的各种资料后，决定将工厂建立在冶金厂旁边。因为，这样一来，冶金厂当作废气排放出去的焦炉气和煤焦油就可以就地转化为他的制苯厂的原材料，经过加工合成他需要的化工品。而冶金厂因此获得了一笔额外的收入，所以对于爱迪生的提议也欣然接受。就这样，爱迪生仅仅用了45天就建造起了一座制苯厂，研制出了一系列化工合成品提供给其他厂家。随着需求的不断扩大，

发明大王爱迪生

爱迪生又新开了几家工厂。

爱迪生在工业方面的创造，在很大程度上缓解了第一次世界大战期间美国乃至全世界化工原材料紧缺的问题，为美国战时工业的持续发展做出了不可磨灭的贡献。

成长加油站

我们学习是为了获得知识，成为一个对社会有用的人。所以，我们在学习的时候，不能只学习课本上的基础知识，对于社会发展的趋势也要有一定的了解，只有这样，我们获取的知识才是符合时代发展需要的，我们才能在将来做出一番具有实际意义的成就来。

延伸思考

1. 是什么原因促使爱迪生产生了自制苯酚的念头？

2. 爱迪生建立苯工厂对于美国工业发展具有怎样的意义？

第二十一章　担任海军技术顾问

1915年，第一次世界大战一触即发。在美国，人们最为关心的问题就是：美国是否会参战。5月30日，爱迪生接受了《纽约时报》的采访，并发表了对于战争的看法。他建议美国要拥有足够的防卫武器，并建立一所由海军、陆军和政府三方共同控制的科研机构。爱迪生的这一建议很快就得到了政府和海军方面的高度重视。7月7日，海军部部长丹尼尔斯读了爱迪生对于军事的建议后，给爱迪生写了一封信，说他打算建立一个发明与研究部门，并希望爱迪生能够加入。爱迪生答应了。

1915年10月7日，丹尼尔斯召集发明与研究部门的全部人员在华盛顿海军部召开第一次组成会议，并将该部门正式定名为"美国海军顾问委员会"。在这次会议上，爱迪生被选为委员长。1916年，爱迪生把更多的精力都转移到了海军顾问委员会上。

爱迪生其实是爱好和平的，并不希望战争发生，但是这并不妨碍爱迪生继续为海军顾问委员会服务。因为他认为美国虽然不主动挑起战争，但一定要有自我防卫的能力。他对于战争有着独特的理解："士兵们再也不是手持大刀的野蛮人……

发明大王爱迪生

未来的战争将会是机器之间的战争，再也不是人与人之间的战争。……科学将会把战争变成一种非常恐怖的东西……用不了多长时间，我们只需要轻轻按一下按钮，就可以将数百万人杀死……这种大规模的屠杀只能通过机器来进行。"

1917年1月，爱迪生在丹尼尔斯的请求下，开始研究美国将来参战后的计划以及可能会用到的发明。为了能够专心致力于海军防务，爱迪生把自己的事务全部委托给了自己的助手和同事，并且暂停了其他研究工作。

随着战争形势的不断发展，美国被迫放弃了中立。1917年4月6日，美国终于加入协约国，向德国宣战。

这时，爱迪生正在研究的任务是：如何在不改变鱼雷航程和尺寸的情况下，通过改变鱼雷的推动装置，增大鱼雷的火药装载量。为了解决研究中遇到的问题，爱迪生还向普林斯顿大学校长希本请求派遣4位物理学家来支援。

为了防范德国潜水艇的攻击，爱迪生和古立奇博士一致认为应该研制一种"水中听音机"。没过多久，他们就发明出了能够发现3公里以内的潜水艇的"潜水艇探知器"。当敌人的潜水艇或鱼雷来袭的时候，军舰就可以立即调转90度，快速逃跑。在这个装置的保护下，美国海运的损失大为减少。

爱迪生还研制了一种更加灵敏的探测潜艇的装置。一般的潜艇探测器使用的都是炭粒式扩音器，但是这种扩音器的电阻太大，于是爱迪生就打算用金属粒来代替炭粒。可是通过实验，爱迪生发现金属粒不够灵敏。于是，他又找到了一

种更加巧妙的制作金属粒的方法。他搜集来一批猪鬃，然后在上面镀上各种不同的金属。接下来，他把镀过金属的猪鬃切成0.01英寸长的小段，浸在苛性钾溶液中。等猪鬃被溶液蚀去后，就只剩下一个小金属圈。这些小金属圈微粒便在实验扩大器中代替了炭粒。

爱迪生还建议海军用无烟煤做燃料，从而使轮船被潜艇发现的距离从40英里降到了20英里。如果再去掉桅杆和烟囱，那轮船被发现的半径就会进一步下降到12英里。针对舰船烟囱的毒烟，爱迪生还设计了一种特制的面具，保护海军不会被硫酸等有毒物质伤害。

爱迪生还研制出了鱼雷机械装置、水下探灯、喷火器、水底潜望镜、拦截鱼雷的网等。自从参加海军防务工作以来，爱迪生总共创造出了39项发明。这些工作都是爱迪生亲自进行的。爱迪生的这些发明全都是防御性的，而不是攻击性武器，从这也可以看出，爱迪生并不喜欢战争。

1918年11月，第一次世界大战结束了。爱迪生辞去海军顾问委员会的职务，又重新开始了他的研究工作。这时，爱迪生71岁，但身体还很健康，精神状态也非常好。他自豪地说："我的祖父和父亲都活到90岁以上，所以我至少能活到90岁。从现在开始计时，我还有20年的时间可以用来进行新的发明。"可是，事实情况并不像他想象的那样，他只活到了84岁。

发明大王爱迪生

成长加油站

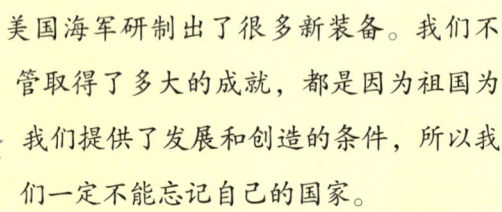

法国微生物学家和化学家巴斯德曾说过:"科学虽然没有国界,但学者有他自己的祖国。"爱迪生为了保卫自己的国家,暂停自己的研究事业,为美国海军研制出了很多新装备。我们不管取得了多大的成就,都是因为祖国为我们提供了发展和创造的条件,所以我们一定不能忘记自己的国家。

延伸思考

1. 爱迪生为什么答应加入海军顾问委员会?

2. 在第一次世界大战期间,爱迪生都做出了哪些发明创造?

名人名言

我的人生哲学是工作,我要解释大自然的奥秘,并以此为人类造福。我们在世的短暂一生中,我不知道还有什么比这种服务更好的了。

——爱迪生

第二十二章　辉煌永存

老年时期的爱迪生依然像青壮年一样对工作充满了热情，似乎从来不知道疲倦。他每天只休息三四个小时，剩下的时间几乎都用来工作和学习。人们劝他缩减工作量后，他每天仍坚持工作16个小时。

老年时期的爱迪生依然没有放弃发明家精神，这在他对待教育的态度上就可以看出来。

一次，他和亨利·福特聊天的时候，说："现在的学校只是在培养死读书的人，根本不注重启发学生的智慧。其实，与其花费时间读死书，还不如让学生学会独立思考，这样才能在以后做出一番成就来。"

"我很赞同您的看法，爱

2011年重建时的爱迪生纪念塔

迪生先生。您认为怎样的教育才算是好的呢？"福特随声附和道。

"每天都有很多青年来我的研究所应聘。我提出一些与发明及工业无关的问题，其实是想要考察他们是否具备从事研究工作的精神，但是很多人都露出一副不以为然的样子。福特先生，我认为我们有必要发掘出那些优秀的青年，培养他们的创造精神。我愿意为他们提供读大学的奖学金。"

怎样才能发掘出优秀的青年呢？除了对他们进行物理、化学等基础知识的考试之外，爱迪生还提出了一系列引人深思的考题。例如：如果你有一百万美元的遗产，你会怎么使用？你认为什么时候可以说谎？你在临终前，以什么标准来评判自己的一生是成功还是失败？……

爱迪生虽然已经年迈，但仍对一切都充满了好奇，勇于探索和挑战新事物。1927年，已经80岁的爱迪生为了改变美国橡胶过度依赖进口的状况，成立了爱迪生植物研究公司。公司主要进行从植物中提取橡胶的研究。为此，爱迪生还在美国南部的佛罗里达州的迈尔斯堡买下了一片橡胶种植园，并在那里建造了一座新的实验室。

1928年，在爱迪生81岁生日那天，朋友们为他在饭店举办了一场盛大的生日宴会。但是，那天爱迪生仍在迈尔斯堡的实验室里研究橡胶问题，不能到场。他给朋友们发了一个

电报:"我正愉快地工作着。"

在对上万种植物进行研究之后,爱迪生将几种菊科植物进行杂交,培育出了一种含有大量乳胶的植物,并从中提炼出了橡胶。原本,爱迪生还要继续研究,以解决成本过高等问题,但不幸的是,爱迪生得了肾功能失调综合征,最后不得不停止了对橡胶植物的研究。

1929年10月21日,距电灯诞生那天已经过去整整50年了。为了庆祝电灯诞生50周年,美国各地都举行了庆祝活动。亨利·福特在密歇根州的迪尔本建立了一座历史博物馆。这座博物馆是完全仿造爱迪生在门罗公园的实验室工厂建造的,长方形的实验室、华丽的办公室、低矮的工厂、炭烧棚……每一样东西都和当年门罗公园的情景一模一样。

托马斯·爱迪生雕像

爱迪生被邀请到迪尔本,怀着无比激动的心情参观了这座历史博物馆。晚上,大家都聚集到实验室里,观看再现爱迪生在50年前进行电灯试验的表演。就在那天晚上,美国数十个城市为纪念爱迪生的功绩同时亮起了电灯。

稍后,人们又为爱迪生举行了隆重的宴会。参加这次宴

会的500名来宾都是来自世界各地的各界名人，包括德国的爱因斯坦和法国的居里夫妇，以及美国的胡佛总统。爱迪生在宴会上做了简短的发言。当他讲完，要从讲台上下来的时候，突然脸色大变。坐在一旁的胡佛总统发现后，立刻召来医生为他注射了一剂强心针。爱迪生被大家扶到隔壁房间里休息了一会儿后，才慢慢好转。

从迪尔本回到家后，爱迪生的身体就一天不如一天。1931年8月，爱迪生病情加重。医生诊断后得出的结论是，爱迪生患了尿毒症和糖尿病，可能坚持不了几天了。但令人惊讶的是，爱迪生不仅安全度过了危险期，身体状况还逐渐好转了。过了一段时间后，他又可以到外面驱车遛弯了。到了9月初，爱迪生的病情又加重了，但和上一次一样，他又安全度过了。10月4日，医生断定他的病是无法挽回了。在之后的9天里，爱迪生没有吃任何东西，他已经陷入了昏迷状态。1931年10月18日凌晨3点24分，发明大王爱迪生永远闭上了眼睛，走完了84年的伟大人生旅程。3天后，也就是10月21日，爱迪生的遗体被葬在了靠近他西奥兰治的家的大橡树下面。

爱迪生去世的消息传出后，美国各地熄灭电灯1分钟，以表达对这位发明大王的哀悼之情。在这1分钟里，从美国东海岸到西海岸，从城市到乡村，一片黑暗。1分钟过后，世界又灯火通明，亮如白昼。

第二十二章　辉煌永存

回顾爱迪生84年走过的人生历程，他做过报童、报务员，小学没毕业却走上了发明的道路，成了一位举世闻名的大发明家，他的发明创造包括电话、电灯、留声机……他成立了第一家工厂、第一个公司，后来又成了美国工业的领军人物。爱迪生的一生可以说是硕果累累，为人类创造了数不尽的财富。

在爱迪生葬礼那天，人们纷纷献上了赞辞。其中，胡佛总统的话最令人感动。他说：

"整个美国都受到爱迪生的恩惠。我们不仅在生活上接受了他的恩惠和利益，更重要的是我们从他那里继承了巨大的精神财富。"

"爱迪生用他的一生，为我们树立了恒真的信念的楷模！"

"爱迪生教导我们：只要坚持不懈，一定会达到自己的目标。"

1947年，美国为纪念发明大王爱迪生诞辰100周年发行的邮票

发明大王爱迪生

成长加油站

爱迪生在80多岁的时候,还在进行着橡胶植物的研究,发展橡胶事业。由此可以看出,成功与年龄没有太大的联系。所以,只要我们树立了目标,下定决心去做一件事情,那么就勇敢地去实施,不要畏惧,要知道任何事情,不管什么时候开始做都不算晚。

延伸思考

1. 爱迪生是怎样度过他的老年生活的?

2. 爱迪生为什么只活了84岁便去世了?

名人名言

凡是希望荣誉而舒适地度过晚年的人,他必须在年轻时想到有一天会衰老;这样,在年老时,他也会记得曾有过年轻。

——爱迪生

无论何时,不管怎样,我也决不允许自己有一点灰心丧气。

——爱迪生

第十八章 进军工业

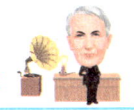

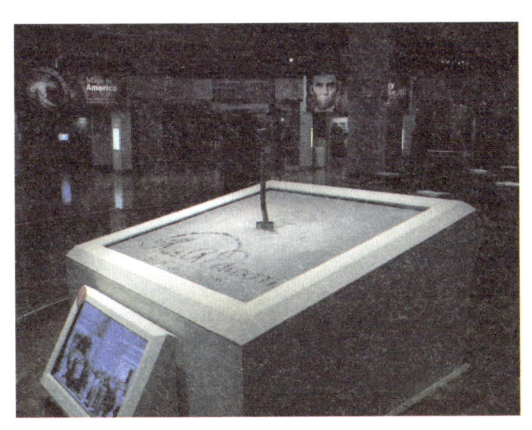